시 의식의
근원과 발현

김명철

머리말

　현재 한국의 현대시는 뚜렷한 화두를 찾지 못하고 있는 것 같다. 구심점이 없다는 것은 그만큼 다양성과 혼종성을 의미하는 것이며, 이는 광대한 시의 세계에서 어쩌면 장려되어야 마땅한 미덕일지도 모르겠다. 그러나 4차 산업 혁명으로 인한 인간 정체성의 혼란과 일찍이 인류가 직면한 적이 없었던 코로나19의 팬데믹 현상과 이상 기후 현상은 인류의 존재 의의나 존속의 여부에 막대한 혼돈을 가중시키고 있다. 이 점에서 시가 무엇을 할 수 있을 것인가를 생각하게 한다.

　백석의 시를 다시 읽으며 '나'는 누구이며 무엇을 하고 있는가를 되새겨 보게 된다. 백석은 일제 강점기의 암흑기를 참담하게 통과한 시인이다. 그는 끊임없이 자신을 '조선의 시인'으로 자각하며 생활하였고, 조선에서든 만주에서든 '조선적인 것'을 찾아 분투하였다. 나아가 그는 조선이라는 지역적, 민족적 한계를 뛰어넘어 인류 공동체라는 이상적인 세계에 대한 그림을 자신의 시로 표현하기도 하였다.

　우리는 우리를 한국인이라는 국가 정체성으로 규정하기 이전에 인간이며 생명체이고 의지를 지닌 존재로 인식하고 있다. 끊임없이 타자와 관계를 맺고 생활하면서 유형, 무형의 사물들과도 서로 영향을 주고받는다. 진화 생물학적인 관점에서라면 인간의 시조(始祖)는 무기물인 셈이 된다. 그렇다면 우리와 타자들, 우리와 사물들의 존재 양태는 무슨 이유로 차이가 나고 있는 것일까. 시인들은 끊임없이 사물들과 대화를 나누고 있다. 이 대화의 종결 지점은 어디일까.

 조선적인 것을 찾으려 했을 뿐만 아니라 그것을 뛰어넘어 인류 공동체라는 이상 세계를 그리워했던 70여 년 전의 백석이나, 사물들과 지속적으로 대화를 나누면서 인간 삶의 의미를 새롭게 해석하고 새롭게 추구하며 새롭게 형성하려는 현재의 시인들은 모두 다 저마다의 시 의식을 거느리고 있다. 이들의 시 의식은 어떻게 형성되는 것이며 어떻게 발현되는 것일까.

 한국 시문학사에서 빼놓을 수 없는 김춘수, 서정주, 김수영 시인들은 한국 현대시의 특성을 세 갈래로 갈라놓을 수 있는 시 의식과 그에 따른 시 창작 특성을 보여주고 있다. 우리는 그들의 시를 다시 읽으면서 한국 현대시의 위상과 특질을 재발견할 수 있을 것이며, '나'의 현재의 위치도 가늠해 볼 수 있을 것이다.

 이 책에 있는 시들을 정리하면서 재음미하고 있다. 나의 태초는 어디이며 무엇이고 그렇다면 나는 지금 무엇을 하고 있어야 하는가.

2022년 초가을, 노루터에서
저자 김명철

목차

머리말 _002

1. 백석 시에 나타난 '공동체의 모습' 변화 연구 _008
2. 주체적 존재로서의 사물들(1) _044
3. 주체적 존재로서의 사물들(2) _058
4. 주체적 존재로서의 사물들(3) _074
5. 주체적 존재로서의 사물들(4) _088
6. 주체적 존재로서의 사물들(5) _104
7. 언어 지향적 경향 시의 독립적 이미지화 기법 _112
8. 주체 지향적 경향 시의 내포적 이미지화 기법 _138
9. 대상 지향적 경향 시의 포괄적 이미지화 기법 _166

찾아보기 _197

백석 시에 나타난 '공동체의 모습' 변화 연구
- '인간 중심/사물 중심'의 시로 대비하여

Ⅰ. 서론

Ⅱ. 이상적인 원형(原型)으로서의 공동체
1. 백석 전기시에 나타난 공동체의 원형
2. 백석 중기시에 나타난 공동체의 원형 파괴
3. 백석 후기시에 나타난 공동체 원형의 확장적 복원

Ⅲ. 결론

1. 백석 시에 나타난 '공동체의 모습' 변화 연구
- '인간 중심/사물 중심'의 시로 대비하여

I. 서론

  백석의 시는 크게 세 가지 경향으로 연구와 분석이 이루어져 왔다. 그 하나는 백석의 시에서 보이는 고어와 방언 및 구문과 관련된 언어적 측면의 탐색이고, 다른 하나는 음식과 관련하여 미각과 후각 및 청각이라는 독특한 감각을 드러내는 이미지에 대한 연구를 토대로 당대의 선구적인 모더니즘적 특성을 파악하는 것이다.[1] 세 번째 경향은 이 글의 직접적인 선행 연구들이라 할 수 있는데, 백석 시가 서정성과 결부된 고향 의식 혹은 민

---

1 이 두 가지 경향의 연구 성과는 단행본만 들어서, 고형진의 『백석 시를 읽는다는 것』(『문학동네』, 2013)과 이경수의 『한국현대시와 반복의 미학』(월인, 2006. 3), 이근화의 『근대적 시어의 탄생과 조선어의 미학』(서정시학, 2012. 9), 지주현의 『백석 시와 서술적 서정성』(푸른사상, 2013. 2), 소래섭의 『백석의 맛-시에 담긴 음식, 음식에 담긴 마음』(프로네시스, 2009. 12) 등에 충실히 나타나 있다.

족 의식의 발로라는 시 의식적 측면의 연구들이다.[2] 이 연구들은 백석의 시를 협소하고 사적인 생활 범주에서 벗어나게 함으로써 그의 시를 우리 민족의 대표적인 시들로 제고시키는 성과를 보여주었다.

이 글은 세 번째 연구 경향에 주목하여 백석 시의 시 의식적 측면이 보다 심도 있게 논의될 필요성이 있다는 판단 하에 구상되었다. 이 글은 선행된 연구 성과에서 한걸음 더 나아가, 백석의 시에 나타난 공동체의 의미[3]를 시기별로 고찰해 봄으로써, 그의 시 의식이 고향이나 민속이나 조선 민족이라는 울타리 안

---

2 이숭원은 백석의 시집 『사슴』의 성격을 대변하는 작품으로 「여우난골族」을 들어, 백석 시가 단순한 고향 풍물의 회상이라든가 사라져 가는 것에 대한 애착의 심정과는 차원이 다르며, 개개의 가족 구성원이 모여 이루는 공동체적 합일의 공간 속에 사람들의 힘과 기쁨과 보람이 스며 있다는 믿음을 함축하고 있다고 진단했다.(이숭원, 「1930년 후반 고향 의식의 두 양상-백석·이용악」, 『한국현대시사연구』, 산사김재홍교수화갑기념논문집 간행위원회, 2007. 265쪽 참조) 오세영은 백석 시의 대부분이 고향 의식과 관련되어 있다고 평가하면서, 「정주성定州城」을 예로 들어, 성(城)은 공동체이자 실제 고향이요 나아가 왕국 즉 국가이며 공동체의 번영과 신성성(神聖性)이 보장된 공간이며 목가적인 평화가 깃든 안식처요 축소된 우주의 상이라고 진단한다.(오세영, 「떠돌이와 공향의 의미-백석론白石論」, 『한국현대시인연구』, 월인, 2003. 415~417쪽 참조) 김명철은 백석의 시에는 서사적 상상력과 원형적 이미지를 통한 민족 공동체 의식이 표출되었고, 나아가 백석의 시에서 전 인류적 차원의 인간 보편적 이상과 인간 삶의 이상적 세계가 구현되었다고 평가하고 있다.(김명철, 「백석 시와 이중섭 그림에 나타난 대이상향(大理想鄕)의 세계」, 『비평문학』 43호, 한국비평문학회, 2012. 3. 7~35쪽 참조)

3 공동체란 민족, 인종, 이념, 종교 등을 토대로 동질성과 내재성을 절대적인 가치로 여기는 집단이다. 이 공동체의 구성원들은 자신의 동질성과 고유성을 보증 받으면서 자신의 본질을 구현하려고 한다.(장예원, 차충환, 「낭시의 공동체 이론을 통해 본 〈변강쇠가〉의 한 성격」, 『비평문학』 62호, 한국비평문학회, 2016. 12. 99쪽)

에 국한된 것이 아니라 인간 보편의 의미를 지닐 수 있는지와, 그가 시에서 보여주었던 공동체로서의 이상 세계가 단순한 동경이 아니라 실제적으로 구현 가능할 수 있는지를 검토해보는 데 그 목적이 있다.

백석 시는 시인의 만주 행(行)을 기준으로 그 이전의 전기시와 그 이후의 후기시로 대별되어 논구되어 왔다.[4] 그러나 이 글에서는 시인의 함흥 거주 이전의 시를 전기시(1934년~1936년)로, 함흥 거주 시기의 시를 중기시(1936년~1940년)로, 만주 행 이후의 시를 후기시(1940년~1942년)로 구분하여[5] 고찰할 것이다. 이렇게 구분해보는 것은 첫째, 시인의 공동체에 대한 시 의식이 이 시기별로 상당한 차이가 노출되고 있는 현상을

---

4 최동호, 유성호, 방민호, 김수이 외, 『백석 시 읽기의 즐거움』(서정시학, 2006. 9.)도 1부『사슴』시편과 2부『사슴』이후 시편으로 구성되었는데, 일반적으로 백석 문학은 초기시, 후기시, 북한에서의 문학 활동 등으로 구분하여 백석 시 연구의 초점이 초기시와 후기시에 맞춰져 왔으며, 남지현은 백석 소설을 연구하면서 백석 문학을 다섯 시기로 구분하기도 하였다. 1930년에서 1935년까지를 첫 번째 시기, 1935년「정주성」의 발표로부터『사슴』의 상재에 이르는 시기를 두 번째 시기, 『사슴』발간 이후 해방기에 이르러 「남신의주유동박씨봉방」을 발표할 때까지를 세 번째 시기, 한국전쟁을 거치며 북한에서 활동했던 1950년대 후반까지를 네 번째 시기, 1959년 1월 삼수로 현장 파견된 이후 시를 발표한 시기를 다섯 번째 시기로 구분한 것이 그것이다.(남지현, 「백석의 초기 소설에 나타난 백석 문학의 원형적 특성 연구」, 『한국문학논총』78권, 한국문학회, 2018. 04. 247쪽) 아울러 이 글에서는 분단 이후의 백석의 시 작품들은 특수한 시각으로의 접근이 요청되며, 검증과 고증의 문제도 뒤따라야 한다는 점에서 이 글에서는 논외로 하였다.

5 백석 전기와 관련된 내용은 안도현의『백석 평전』(다산책방, 초판 17쇄, 2019. 7)과 송준의『백석 시 전집』(흰 당나귀, 2012. 9) 및 이동순의『잃어버린 문학사의 복원과 현장』(소명출판사, 2005. 12) 등을 참조했다.

간과할 수 없기 때문이며 둘째, 이 세 시기에 작성된 시들의 소재나 제재 차원의 차이점들도 드러나고 있기 때문이다. 백석 전기의 시에서는 민간의 풍속이 시의 주요 소재로 선택되고 있으며, 중기에서는 인간적 혹은 사회적 관계가 주된 시의 제재로 나타나고 있고,[6] 후기시에서는 앞선 시기의 풍속과 관계의 '근원'이 시의 재제로 등장하고 있는 것이다. 아울러 이 시기에 따라 백석의 신분과 시대 상황도 비교적 뚜렷이 구별된다고 볼 수 있다.

백석의 시에 등장하는 공동체의 모습은 인간/인간 생활에만 국한되어 있지 않다. 그의 시는 사람살이의 모습에서 사물 세계[7]가 차지하는 비중이 상당하다는 것을 보여준다. 또한 백석의 시에 등장하는 사물들의 범주의 폭은 광대하다.[8] 이 글은 백석

---

6 권혁웅도「조당에서」라는 시를 해설하는 자리에서 백석의 전기시가 풍속에 강조점을 두었다면 후기시는 사람들에 초점을 맞췄다고 판단했다.(권혁웅, 「조당에서」, 최동호, 유성호, 방민호, 김수이 외, 앞의 책, 300~304쪽 참조)

7 사전적 의미에서 사물이란 물질 세계에 존재하는 구체적이고 개별적인 대상을 이르는 말이며 관념은 제외된다. 광범위하게 생각한다면 사물 속에는 인간도 포함될 수 있는 것이다. 그러나 상식적으로 인간을 사물의 범위에 넣지는 않는다. 사물의 범주를 '상식'에 비추지 않고 따지고 들어간다면, '동물의 사체(死體)가 사물인 반면 인간의 사체는 사물이 아닌가'와 같은 문제가 발생할 수 있으며, 그것을 논구의 대상으로 삼는다면 이 글의 논지와는 멀어지게 된다. 이 글에서는 세계를 단순하게 '인간 세계와 사물 세계'로 분별하기로 한다.

8 고형진은 백석 시의 박물학적 특성을 설명하는 자리에서 백석 시에 등장한 사물들을 의류, 음식, 집, 세간 등으로 분류하였을 뿐만 아니라, 동 식물명을 식물군과 동물군으로 분류하여 방대하게 제시하면서, '백석 시의 압도적인 부피감과 강렬한 흡인력이 구체적인 사물명의 적시에서 비롯된다'고 강조하였다.(고형진, 「백석 시의 언어와 미적 원리-백석 시의 박물학적 특성과 감각의 깊이」, 앞의 책, 91~126쪽 참조)

시에 나타난 공동체 모습의 변화를 파악하기 위하여 그의 전기, 중기, 후기의 시들을 '인간 중심의 시'와 '사물 중심의 시'로 나누어 두세 편씩 검토해 볼 것이다. 인간 중심의 시란 사람이나 사람과의 관계가 시의 전면을 지배하면서 사물이 포함되는 형태이며, 사물 중심의 시란 사물이나 사물과의 관계가 시의 전면을 주도하면서 사람이 관여하는 형태라고 볼 수 있다. 물론 이 '사람' 속에는 시적 주체도 포함된다.

아울러 이 연구는 신비평적 방법과 역사 전기적 비평 방법이 병행될 것이다.

II. 이상적인 원형(原型)으로서의 공동체

1. 백석 전기시에 나타난 공동체의 원형

백석의 전기시들은 시인이 일본 유학에서 돌아와 그의 고향인 평북 정주나 경성 생활을 하던 때 쓰인 시들을 말한다. 시기적으로 1934년부터 1936년까지 함흥에 거주하기 이전의 시들이 이에 해당된다. 이 시기의 시들은 시인의 유년 체험 등이 시화된 경우가 많다. 이 시들에서는 순수 조선어의 사용과 방언 등이 시어로 등장하여 그것이 민족적 특성을 강하게 내포하게 된다. 그러나 시적 대상들의 '존재 방식'을 규명해본다면 이 시들이 단순히 민족적 혹은 민속적이라는 범위를 초월하고 있음을 알 수 있다. 이 절(節)에서 '사물 중심의 시'로는 「황일黃日」이,

'인간 중심의 시'로는 「모닥불」이 검토될 것이다.

1) 자연의 순리에 따르는 평화로운 사물 세계

백석의 전기시에서는 사물 중심의 시에서 공동체의 원형이 표출되는 경우가 많다.[9] 이들 시에서 시상을 주도하는 제재는 사물이다. 이 사물이 하나의 시 세계를 구축할 때, 시적 주체의 목소리로 등장하는 인간은 사물의 행위와 양태를 묘사해주는 소극적 역할이나 또는 이 사물에 대한 해설자 혹은 관여자로서의 역할을 담당한다.

백석 전기시 중 사물 중심의 시에서 사물들이 보여주는 세계는 인간 세계와는 다소 거리를 둔 자신들만의 세계이다. 「황일黃日」[10]에서 사물들이 구축하는 공동체의 모습은 백석의 시 의식에 내재된 이상적인 공동체의 실상을 파악하게 한다. 이 시는 사물 중심 세계의 공동체 일원으로서 사물들이 어떻게 존재하고 있는가를 비교적 선명하게 보여준다.

한 십리十里 더 가면 절간이 있을 듯한 마을이다 낮 기울은 볕이
장글장글하니 따사하다 흙은 젖이 커서 살같이 깨서 아지랑이 낀 속

---

9 「비」, 「나와 지렁이」, 「오리 망아지 토끼」, 「자류柘榴」, 「창의문외彰義門外」, 「연자간」, 「황일黃日」 등이 여기에 속한 시들이라고 볼 수 있다.

10 이 시는 시집 『사슴』에 수록되어 있지는 않다. 백석은 1936년에 『여성』 4월호가 창간되자마자 신문사를 그만두었고, 그해 함흥 영생여고의 영어 선생으로 부임하게 된다. 그러므로 백석의 함흥 거주 시기는 1936년 중반 이후부터이다.(안도현, 앞의 책, 117쪽) 이 시는 1936년 3월 『조광』 2권 3호에 발표되었고 백석의 전기시에 해당된다.

이 안타까운가보다 뒤울안에 복사꽃 핀 집엔 아무도 없나보다 뷔인 집에 꿩이 날어와 다니나보다 울밖 늙은 들매나무에 튀튀새 한불 앉었다 흰구름 따러가며 딱장벌레 잡다가 연두빛 닢새가 좋아 올라왔나보다 밭머리에도 복사꽃 피였다 새악시도 피였다 새악시 복사꽃이다 복사꽃 새악시다 어데서 송아지 매- 하고 운다 골갯논드렁에서 미나리 밟고 서서 운다 복사나무 아래 가 흙장난하며 놀지 왜 우노 자개밭둑에 엄지 어데 안 가고 누웠다 아룻동리선가 말 웃는 소리 무서운가 아룻동리 망아지 네 소리 무서울라 담모도리 바윗잔등에 다람쥐 해바라기 하다 조은다 토끼잠 한잠 자고 나서 세수한다 흰구름 건넌산으로 가는 길에 복사꽃 바라노라 섰다 다람쥐 건넌산 보고 부르는 푸념이 간지럽다//저기는 그늘 그늘 여기는 챙챙-/저기는 그늘 그늘 여기는 챙챙-

—「황일黃日」전문[11]

흔히 절은 세속, 인간 세상을 떠나 있는 곳에 존재한다. 이 시에 등장하는 마을은 십리 정도 더 가면 그런 절이 있을 듯한 마을이니 시내나 읍내처럼 사람들로 북적거리는 마을은 아닐 것이다. 이 시는 사람 없는 한적한 마을에서 펼쳐지는 유정, 무정물들의 모습을 전경화하고 있다. 다음 문단에서 풀어본 시의 내용처럼, 시적 주체는 이 마을에 들어서면서부터 그의 시야에 들어온 사물들의 생명력 넘치는 모습을 자연스럽게 따라가며 그들의 심정에 관여한다.

봄 햇살은 따듯하고, 얼어붙었던 흙은 풀어져 새 생명을 키우

---

11 고형진,『정본 백석 시집』, 문학동네, 2011. 9. 74쪽. 이하 인용시 모두 전문이며 시의 말미에 제목과 쪽수만 밝히기로 한다.

고 싶은 젖가슴처럼 포근하다. 빈집 안으로 꿩이 날아들고 울타리 밖으로는 딱정벌레를 잡던 개똥지빠귀가 하나 가득 앉아 있다. 밭머리에도 복사꽃이 피었는데, 이 복사꽃이 색시인지 아니면 색시가 복사꽃인지 모를 정도로 꽃의 자태가 곱다. 밭둑에는 어미 소가 누워있고 논두렁에서는 송아지가 운다.[12] 바위에서는 다람쥐가 해바라기하다가 졸고 토끼는 한잠 자고 났다. 흰 구름이 건넛산으로 가다말고 복사꽃을 구경하고 있고, 다람쥐가 건넛산을 보고 푸념을 한다. 저기는 그늘인데 여기는 창창하다고.

이 시에 등장하는 사물들의 모습은 '스스로 그러려니' 존재하고 있는 모양새이다. 이들은 그냥 있음으로 해서 자연스럽고 평화롭게 공존하고 있다. 공통의 가치를 추구하는 것이 공동체를 이루는 주요한 요인이라면 이 시에 나타난 사물들의 공통된 가치는 평화로운 공존이다. 시적 주체가 사물들의 동태를 보고 "~~보다." "~~ 안 가고," "~~ 무서운가," "~~ 푸념" 등, 사물의 심정을 대변하는 듯한 표현을 하고는 있으나, 그렇다고 해서 이러한 표현들이 사물들의 입장이나 의지를 직접적으로 드러내는 것이라고는 볼 수 없다. 이 표현은 평화로운 사물들의 공동체에 시적 주체가 경도되어 자연스럽게 표출된 것으로 보아야 할 것이다. 이 시의 사물들은 다른 사물들의 강요

---

12 백석의 중기시 중 「나와 나타샤와 흰 당나귀」에서, 시인은 흰 당나귀가 '좋아서' "응앙응앙 울 것이다"라고 표현하여 '울음'을 긍정적으로 보았고, 후기시 중 「허준(許俊)」에서도, 시인은 조선을 '맑고 거룩한 눈물의 나라'로 일컬으면서 이를 '따스하고 살뜰한 볕살의 나라'와 동일시하고 있다. 이 시에 등장하는 송아지의 '울음'도 부정적으로 해석되지는 않는다. 백석의 시에 등장하는 '울음'과 '웃음'의 의미에 대해서는 추후의 연구를 통해 보다 정밀하게 분석될 것이다.

나 타의에 의해 그렇게 행위 하는 것이 아니라 '각자 있는 그대로의 모습'을 통해 평화로운 공존을 이루고 있다.

그런데 다람쥐의 푸념을 해석한 시적 주체의 표현이 흥미롭다. "저기는 그늘 그늘 여기는 챙챙"이라는 것이다. 다람쥐가 말하는 '저기'는 "건넛산"이다. 이 시를 통해서는 건넛산이 정확히 어디를 지칭하는 것인지 알 수 없지만, 분명 '여기'와는 대비되는 곳일 것이다. '여기'는 벌써 봄볕이 완연하여 시에서처럼 생명력이 왕성하게 피어오르는 곳, 다람쥐가 속해 있는 마을이다. 반대로 '저기'는 아직도 봄을 맞이하지 못하고 있는 곳이다. 시의 내용을 통해 '저기'를 짐작해 볼 수 있는 마을은 말 웃는 소리가 들리는 "아룻동리"이다. 일상적으로 소가 한산한 농촌의 들판 풍경에 속해 있다면, 말은 사람들이 북적이는 저잣거리의 풍경에 속한다고 볼 수 있다. 그렇다면 사람 많은 아랫동네는 그늘이 졌는데, 사람 없는 동네는 햇살이 창창하다는 의미가 된다. 식민지 국민인 시인의 입장을 감안한다면, '저기'에 진 '그늘'의 의미는 소가 속해 있는 이 동네의 분위기와는 달리 불화와 부조화와 부자연스런 동네를 의미할 것이다. 그러므로 다람쥐의 푸념은 인간 동네의 현실에 대한 시적 주체의 푸념으로 이해된다.

「황일黃日」은 식물은 식물대로 동물은 동물대로 무정물은 무정물대로 자신들의 본성 그대로의 모습이 평화로운 공동체를 구성할 수 있다는 것을 보여주고 있다.

2) 계층과 신분의 경계가 사라진 인간 공동체

　백석의 전기시에 등장하는 '인간 중심의 시'에는 가족 공동체를 형상화한 시들과 마을 공동체를 형상화한 시들로 대별될 수 있다.[13] 「모닥불」은 마을 공동체의 모습을 형상화한 시로써 여기에는 한 마을을 구성하고 있는 다양한 사람들이 등장한다. 마을의 최고 어른과 유식한 양반, 문중의 어른에서부터 더부살이하는 아이나 나그네, 땜장이까지도 포함되어 있다.
　「모닥불」은 '모닥불'을 중심으로 사람들이 둥글게 모여 따듯한 불을 쬐고 있는 모습을 형상화한 시이다. 그것은 이 시에 대한 핵심적인 의미 추출이 사람들에게 있는 것이지만, '모닥불'이 없다면 사람들이 모여들 수 없고 그렇다면 시가 성립될 수 없다는 의미이기도 하다. 이 시는 모닥불을 구성하는 재료들의 특질과 이 모닥불을 쬐는 마을 구성원들의 양태를 연계하여 검토될 필요가 있다.

　　새끼오리도 헌신짝도 소똥도 갓신창도 개니빠디도 너울쪽도 짚검불도 가락닢도 머리카락도 헝겊조각도 막대꼬치도 기왓장도 닭의 짗도 개터럭도 타는 모닥불//재당도 초시도 문장門長 늙은이도 더부살이 아이도 새사위도 갓사둔도 나그네도 주인도 할아버지도 손

---

[13] 앞선 항(項)에서 다루었던 '사물 중심의 시'가 사물들의 바람직한 공동체의 형상을 드러낸 시라면, 백석의 전기시 중 가족 공동체를 형상화한 시들로는 「여우난골족族」, 「고야古夜」, 「가즈랑집」, 「고방」, 「여승女僧」, 「수라修羅」 등이 있으며, 마을 공동체의 모습이 드러난 시들로는 「산지山地」, 「주막酒幕」, 「모닥불」, 「적경寂境」, 「오금덩이라는 곳」, 「탕약湯藥」, 「남행시초南行詩抄 3」, 「남행시초南行詩抄 4」 등이라고 할 수 있다.

자도 붓장사도 땜쟁이도 큰 개도 강아지도 모두 모닥불을 쪼인다//
모닥불은 어려서 우리 할아버지가 어미 아비 없는 서러운 아이로 불
상하니도 몽둥발이가 된 슬픈 력사가 있다

—「모닥불」, 37

　「모닥불」에서, 모닥불을 피우고 있는 재료는 모두 낡거나 버려져서 쓸모없어진 것들이다. 그런데 이것들이 버려지기 전의 용도를 주시해보면 모두 유용한 것들이었음을 알 수 있다. 당시의 상황을 고려해보면 새끼줄이나 가죽신에 댄 창이나 기왓장이나 헝겊 등은 모두 생활에서 유용하게 쓰였던 것들이다. 머리카락이나 개의 이빨이나 닭의 깃이나 개의 털 등도 또한 그것들을 소유한 자들의 입장에서 보면 없어서는 안 되는 것들이다. 이들이 버려지기 전에는 각자의 용도에 맞게 쓸모가 있었다. 어느 것이 더 소중하고 어느 것이 더 가치가 있다고 평가할 수 없다는 것이다.

　이 모닥불은 그럴듯하게 불을 피울 만한 것들, 나뭇가지나 장작 등으로 이루어져 있지 않다. 이 모닥불은 미리부터 계획된 것이 아니라, 모닥불에 불을 쬐고 있는 사람들 중 어느 한 사람이 마을에 버려진 것들을 쓸어 모으다가 불을 피웠거나, 또 어느 한 사람이 우연히 이 물건들의 한두 가지를 태우는 중에 다른 사람들이 모여들면서 주위온 것들로 불을 이루었을 것이다. 누구의 지시나 강요에 의해 이 모닥불이 피워진 것 같지는 않다.

　이 모닥불 주위로 모여드는 사람들은 신분이나 계층이나 연령 등에서 다양하다. 마을이나 문중의 원로들이나 아이들, 외부 사

람인 나그네나 붓 장수나 땜장이도 있다. 물론 시적 주체도 모닥불을 쬐고 있을 것이다. 이들이 모두 둥근 모닥불 주위에 원형(圓形)으로 모여 불을 쬐고 있는 것이다. 큰 개와 강아지까지도 동참한다. 불을 쬐고 있는 사람들 사이에 위계나 귀천은 보이지 않는다. 높은 위치에 있다 해서 더 많은 불을 쬐거나 낮은 자리에 있다 해서 불을 덜 쬐거나 하는 것이 아니다. 나이가 많은 사람이나 나이가 적은 사람이나 같은 불을 쬐고 있다. 이렇게 불을 중심으로 둥글게 모여 있는 형상은 상하좌우의 모든 경계를 없앤다.[14]

여기서 또한 주목해보아야 할 연은 마지막 연이다. 여기에 등장하는 '몽둥발이가 된 슬픈 력사'를 어떻게 해석하느냐의 문제이다. 이 시가 쓰일 당시 식민지였던 조선의 역사적 상황을 감안한다면, '역사'라는 어휘를 보고 쉽게 우리나라, 우리 민족의 역사를 떠올리기 쉬울 것이다. 그러나 백석의 전기시에서 '민족'이나 '국가'로 이해될 만한 어떤 상징적 시이나 알레고리를 찾기는 쉽지 않다. 이 시에 등장하는 '력사'의 의미도 일반의 개인적 인간이 지닌 역사로 보는 것이 타당할 것이다.[15] 몽둥발이

---

14 김명철은 이 시가 보여주는 원형(圓形) 이미지를 완결성으로 연결하여, 「모닥불」의 이미지를 평화와 조화를 드러내는 공동체의 이상적인 형상으로 파악한 바 있다.(김명철, 앞의 논문, 14~16쪽 참조)

15 김응교는 백석의 시집 『사슴』에는 과거의 상처에서 인간의 따뜻한 가능성이 나온다는 강력한 믿음이 깔려 있으며, 「모닥불」에서의 '몽둥발이의 력사'를 '인간'의 상처에 대한 상징으로 해석하고 있다.(김응교, 『한민족문화연구』 44집, 한민족문화학회, 2013. 10. 400쪽 참조) 김행숙도 이 '슬픈 력사'가 우리들 모두의 '각자 다른 슬픈 역사'와 추억을 불러일으킨다고 언급한다.(최동호, 유성호, 방민호, 김수이 외, 앞의 책, 32~33쪽 참조)

가 된 '할아버지'는 시적 주체의 할아버지이자 개인적인 우리 모두의 할아버지가 될 수 있다.

이처럼 「모닥불」은 인간의 바람직한 공동체의 원형(原型)을 보여주고 있다고 할 수 있다. 그 특성은 공통의 가치를 추구하는 구성원들 사이의 평등이고 자유이며 연대이다. 이 구성원에는 사람은 물론 사물도 포함된다. 모든 존재들이 대화합과 대화해를 이루어 '평화로운 공존'이라는 공동체의 원형(原型)이 만들어지고 있는 것이다. 이 공동체에 편견이나 차별이나 압박이나 부자유 같은 것은 없다.

2. 백석 중기시에 나타난 공동체의 원형 파괴

백석의 중기시들은 시인이 경성 생활을 접고 영생고보에서 영어교사로 일을 하며 주로 함흥에 머물던 때 쓰인 시들을 말한다. 1936년부터 1940년까지 시인이 만주의 신경으로 이주하기 전까지의 시기이다. 이 시기는 중일전쟁의 발발과 창씨개명의 강요 등으로 인해 조선 반도의 문학적 암흑기가 시작되고 있었고, 영생고보에서도 광주학생운동의 영향으로 학생만세운동이 일어났던 때이기도 하다.[16]

이 절에서는 '사물 중심의 시'로 「야우소회夜雨小懷」와 「꼴뚜기」가, '인간 중심의 시'로는 「절망絶望」이 검토될 것이다. 백석의 중기시에서는 그가 전기시에서 보여주었던 연대적 풍경들과

---

16 안도현, 앞의 책, 220쪽 참조.

는 달리 시적 대상들 간의 관계에 있어서 괴리나 불화나 절망과 같은 부정적 상황이 나타나는 것을 엿볼 수 있다.[17] 이는 백석의 시 의식에 상존해 있던 공동체의 모습에 이상(異常)이 발생한 결과라고 가정된다.

1) 자연에서 이탈한 사물 세계의 왜곡

백석의 전기시에서 '사물 중심의 시'들이 보여주었던 공동체의 모습은 일상적이며 사소하면서도 정감이 넘치는 세계였다. 사물들은 평화로운 공존의 상태로 머물러 있었고 각자의 자리에서 자연스럽게 공동체를 형성하고 있었다. 그 이미지들은 백석 특유의 유장하면서도 물 흐르는 듯한 호흡으로 이치나 상식에 어긋나지 않는 모습들이었다. 사실이 왜곡되거나 곡해된 표현 또는 주체와 객체가 분리된 채 어느 한쪽이 어느 한쪽을 강제하거나 압박하거나 말살하는 형상들은 전기시에서는 쉽게 볼 수 없는 장면이었다. 그러나 중기시의 이미지들은 그 의미와 함께 낯설게 다가오는 경우가 많다. 「야우소회夜雨小懷」와 「꼴뚜

---

17 사람에게 약을 위해 팔려가는 노루 새끼에 대한 안타까움이 드러나는가 하면(「노루」), 시적 주체가 세상 밖으로 나가도 좋겠다는 언술이나(「선우사膳友辭」), 집을 떠나 깊은 골짜기에서 홀로 겨울을 지내고 싶다거나(「산곡山谷」), 동무가 시인을 버렸던 일을 생각한다거나(「내가 생각하는 것은」), 이 못된 놈의 세상을 크게 욕할 것이라거나(「가무래기의 낙樂」), 자신을 꽁꽁 언 기다랗고 파리한 명태에 비유한다거나(「멧새 소리」), 아이보개를 하면서 추운 아침에 꽁꽁 언 손으로 찬물에 걸레를 빨았을 아이에 대한 안쓰러움을 표출한다거나(「팔원八院」)), 이 글의 검토 대상인 「야우소회夜雨小懷」와 「꼴뚜기」 및 「절망絶望」 등이 그것이다.

기」에서 볼 수 있는 이미지는 백석이 그동안 보여주었던 사물들의 풍경과는 거리가 멀다. 상식에 벗어나 있으며 자연스럽지도 않다.

    캄캄한 비 속에/새빨간 달이 뜨고/하이얀 꽃이 퓌고/먼바루 개가 짖는 밤은/어데서 물외 내음새 나는 밤이다//캄캄한 비 속에/새빨간 달이 뜨고/하이얀 꽃이 피고/먼바루 개가 짖고/어데서 물외 내음새 나는 밤은//나의 정다운 것들 가지 명태 노루 뫼추리 질동이 노랑나뷔 바구지꽃 모밀국수 남치마 자개짚세기 그리고 천희千姬라는 이름이 한없이 그리워지는 밤이로구나
                      ―「야우소회夜雨小懷」, 107~108

    신새벽 들망에/내가 좋아하는 꼴뚜기가 들었다/갓 쓰고 사는 마음이 어진데/새끼 그믈에 걸리는 건 어인 일인가/갈매기 날어온다//입으로 먹을 뿜는 건/몇십 년 도를 닦아 퓌는 조환가/앞뒤로 가기를 마음대로 하는 건/손자孫子의 병서兵書도 읽은 것이다/갈매기 쭝얼댄다//그러나 시방 꼴뚜기는 배창에 너부러져 새새끼 같은 울음을 우는 곁에서 뱃사람들의 언젠가 아홉이서 회를 쳐먹고도 남어 한 깃씩 노나가지고 갔다는 크디큰 꼴뚜기의 이야기를 들으며 나는 슬프다//갈매기 날어난다
                               ―「꼴뚜기」, 108~109

「야우소회夜雨小懷」에서 1연의 표현들은 상식적이지 않다. "캄캄한 비 속에/새빨간 달이 뜨고/하이얀 꽃이"핀다. 비가 오는데 달이 뜨는 일은 있을 수 없으며 캄캄한데 하얀 꽃이 피어

있는 것을 볼 수는 없는 것이다. 물론 매우 협소한 국지성 비라면 이곳에는 비가 오는데 저 멀리에서는 붉은 달이 떠 있는 현상을 목격할 수도 있을 것이다. 이런 상황에서 '나'의 바로 곁에 하얀 꽃이 필 수도 있다. 그러나 백석 전기시의 자연스러운 흐름과 견주어보면 이런 이미지는 이례적일뿐만 아니라 극히 낯설다. 이 이미지들이 실제에서 파생된 것이든 그렇지 않은 간에, 백석 전기시에서 보였던 사물들의 세계라면 사실성이 무시되었을 리가 없기 때문이다. 그런데도 이런 현상의 전말에 대한 시적 주체의 언급이 없다. 시적 주체는 이 사실들을 생략함으로써 시의 풍경을 의도적으로 변형시켰을 가능성이 짙은 것이다. 이 이미지는 먼 데서 들려오는 개 짖는 소리를 통하여 더욱 음산하게 연출되기도 한다.

  2연은 1연의 복사(複寫)에 가깝게 반복되고 있고, 기이한 장면의 반복은 이 이미지를 강조하려는 시인의 의도로 이해된다. 사물들의 이러한 개별적 혹은 이질적 존재 양상은 그들의 공동체에 균열이 발생했다는 것을 암시한다. "캄캄한 비"와 "새빨간 달"과 "하이얀 꽃"과 "개"가 모두 조화롭지 못하고 연대적이지도 않으며 각자 독립적인 것이다.

  다음 3연은 이런 정황의 의미를 배가시키는 역할을 한다. 어디서 시작되었는지 모르는 물외 냄새가 계기가 되어 '나'가 그리워하는 것들이 3연에 나열되었다. '나'는 정다운 것들이 한없이 그립다고 말한다. '나'와 정을 주고받았던 것들이 이제는 '나'를 떠났거나 '나'와 멀어졌다는 의미일 것이다. 이 또한 전기시에서는 볼 수 없는 시인의 심경이라고 할 수 있다.

「꼴뚜기」에서 사물 공동체의 일그러진 현상은 심화된다. 1연과 3연은 꼴뚜기에 대한 칭송이다. 꼴뚜기의 어진 마음과, 식자(識者)가 사용하는 먹물을 뿜는 것을 몇 십 년 도를 닦았기 때문에 나오는 꼴뚜기의 신통한 능력이라고 말한다. 꼴뚜기의 움직임 또한 자유자재하다. 그런데 4연에서 그렇게 칭송받아 마땅할 꼴뚜기가 배창에 너부러져 뱃사람들의 이야기를 듣고 있다. 뱃사람들이 크나큰 꼴뚜기를 잡아 회를 쳐 먹고 나눠가지고 갔다는 내용이다. 배창에 너부러져 있는 작은 꼴뚜기가 자신의 할아버지의 할아버지일 수도 있었을 크나큰 꼴뚜기의 처참한 죽음 얘기를 들어야만 하는 참담한 장면이다. 꼴뚜기의 몸과 마음이 사람들에 의해 찢기는 풍경을 보고 '나'가 "슬프다"라고 언급한 것은 당연한 일일 것이다. 사물 세계와 인간 세계 간의 유대는 깨어졌다.

이 시에서 공동체 상실의 의미를 더욱 명료하게 해주는 존재는 '갈매기'이다. 갈매기는 2연에서는 '날아오고', 3연의 말미에서는 '중얼대며', 마지막 5연에서는 '날아가 버린다.' 갈매기가 새벽 그물에 걸린 꼴뚜기를 보러 날아오고, 다음에는 배창에 너부러져 있는 꼴뚜기를 보고 중얼댄다. 이 중얼거림의 소리는 4연에 이어지는 꼴뚜기의 처지에 대한 서러움과 안타까움에서 나오는 소리일 것이다. 갈매기도 뱃사람들의 소리를 듣는다. 회로 쳐 먹히고 몸이 찢겨 죽어간 크나큰 꼴뚜기의 참상을 갈매기도 듣고 있다. 그리고 마침내 갈매기는 날아가 버리고 만다. 이러한 갈매기의 행위는 곧바로 '나'의 '슬픈' 심정으로 전이된다. '나'도 이정도로 무너져가는 공동체라면 거기를 떠나고 싶은 것이다.

「야우소회夜雨小懷」와 「꼴뚜기」는 사물 세계로서의 바람직한 공동체가 무너졌다는 것을 드러내준다. 사물들의 풍경은 왜곡되거나 깨졌으며 외부에 의하여 이 공동체는 지탱하기가 어렵게 되었다.

2) 억압적 현실에 의해 해체되는 공동체

백석이 중기시를 쓸 때는 일제에 의한 창씨개명의 강요와 문학 활동에서의 내선일체의 강제가 집요하게 이루어지고 있었고, 백석은 일제의 압박을 피하고자 다각도로 노력하고 있었다.[18] 그는 자신을 꽁꽁 언 명태에 비유를 하면서(「멧새 소리」), 이 못된 놈의 세상을 욕도 해가면서(「가무래기의 낙樂」), 집을 떠나 깊은 골짜기에서 홀로 지내고 싶은 심경을(「산곡山谷」) 보이기도 한다. 이때 또한 만주로의 이주를 계획하기도 하는 것이다.

북관(北關) 지역은 백석이 영생고보 교사로 재직하면서 머물던 함흥에서 멀지 않은 곳이다. 1938년 2월 백석은 북관 지역

---

18 안도현에 따르면 이 시기 백석 주변의 알만한 문인들은 모두 친일을 하고 있었다. 이광수를 필두로 김동환, 정인섭, 주요한, 이기영, 박영희, 김문집, 정지용, 김기림, 최재서, 이태준, 백철, 임화, 김억, 김동인, 김기진, 박영희, 함대훈, 이석훈, 최정희, 모윤숙, 노천명 등 친일을 하지 않은 문인들을 찾기가 힘든 지경이었다. 백석은 이 파렴치한 친일 행위를 수긍할 수 없었고 동조할 수는 더욱 없었다. '내선일체', '창씨개명'의 강요는 백석을 숨조차 쉬지 못하게 할 정도였으며, 조선어로 쓴 시를 발표할 지면은 어느 곳에도 없는 실정이었다.(안도현, 앞의 책, 218~220쪽 참조)

인 성천강 일대를 여행하면서 「절망絶望」이라는 시를 쓴다.[19]

> 북관北關에 계집은 튼튼하다/북관北關에 계집은 아름답다/아름답고 튼튼한 계집은 있어서/흰 저고리에 붉은 길동을 달아/검정치마에 받쳐입은 것은/나의 꼭 하나 즐거운 꿈이였드니/어늬 아츰 계집은/머리에 무거운 동이를 이고/손에 어린것의 손을 끌고/가펴러운 언덕길을/숨이 차서 올라갔다/나는 한종일 서러웠다
> ―「절망絶望」, 99

"한종일 서러웠다"로 끝을 맺는 이 시의 시적 주체는 실제로 보았든 아니면 소문을 들었든지 간에 북관의 여인들이 강인하고 아름답다는 것을 알고 있었다. 북관의 여인이 붉은 길동을 단 흰 저고리와 검정 치마를 입고 있는 모습은 그에게는 꿈에서처럼 큰 즐거움이었다. 그러나 그 꿈은 현실에서 무참히 깨지고야 만다. 어느 날 아침 그는 머리에는 무거운 동이를 이고, 거기에다 한 손으로는 어린아이의 손을 끌고, 가파른 언덕길을 숨이 차서 오르는 북관 여인을 목격한다.

이 시의 '나'가 가정하고 있던 여인이었다면, 머리에 무거운 동이를 이었으되, 언덕길이 가파르다 할지라도 숨이 차서 올라가지는 않았을 것이다. 숨이 차다면 길가에서 시인이 좋아했던 노루나 길가에 쌓인 흰 눈과 장난이라도 하면서 한숨 쉬었다가, 다시 힘차게 언덕길을 올랐을 것이기 때문이다. 그러나 이 여인

---

19 「절망絶望」은 1938년 4월 『三千里文學』 2집에 발표되었고(고형진, 앞의 책, 343쪽의 「백석시 작품 연보」 참조), 안도현에 따르면 백석은 1938년 양력 2월에 성천강 일대를 여행한다.(안도현, 앞의 책, 173~174쪽 참조)

에게는 그럴 만한 시간적 여유가 없다. 이는 북관 여인의 행위가 다른 사람의 지시나 강요에 의해 이루어지고 있는 것임을 짐작하게 한다. 또한 이 시에 등장하는 '동이'는 여인을 힘들게 하는 도구로만 표출된다. 사실 '질동이'는 「야우소회夜雨小懷」에서 시적 주체가 '정다운 것'이라고 그리워했던 것이다. 그러나 이 시에서는 무거움의 의미로만 쓰이고 있다.

한 가지 더 시적 주체의 '서러움'을 배가시키고 있는 것은 '어린 것'의 모습이다. 이 시를 통해서는 이 어린아이가 북관 여인과 어떤 관계에 있는 것인지 명확하지는 않으나, 북관 여인은 "어린것의 손을 끌고" 가고 있다. 어린아이가 여인의 손에 '끌려가고' 있는 것이다. 손을 '잡고' 가는 것이 아니라 손을 '끌고' 간다는 것에서 강제성이 확인된다. 이런 북관 여인의 행위는 '나'가 꿈에서처럼 생각하고 있던, 붉은 길동을 단 흰 저고리와 검정 치마를 받쳐 입은 아름다운 북관의 여인상과는 거리가 멀다.

백석은 북관 여인의 이러한 모습을 묘사하면서 제목을 '절망'이라고 붙인다. 사실 시의 내용으로 보면 '절망'이란 제목은 그 품이 맞지 않는다. 시적 주체가 서러움의 감정으로 이 시를 끝맺고 있는 정도의 제목이어야 그 품이 맞을 것이다. 그러나 백석은 '절망'을 제목의 자리에 두고 있다. 그것은 이 시에서 느낀 서러움의 대상이 단순히 이 한 장면만을 의미하는 것이 아니라 곳곳에서 그런 장면들이 목격된다는 것을 의미하는 것으로도 볼 수 있다.[20] 「절망絶望」은 백석이 전기시에서 보여주었던, 강제나 강압이 없던 공동체의 파괴가 절망적으로 이루어지고 있는 현실을 드러내고 있다.

3. 백석 후기시에 나타난 공동체의 원형 복원

백석의 후기시는 시인이 함흥과 경성 거주 시기를 끝내고 1940년 초에 만주의 신경으로 이주하면서부터 쓴 시들이다. 백석은 일제의 창씨개명과 친일문학 종용에 대한 압박을 벗어나기 위해 일제의 오족협화 정책으로 비교적 자유롭다고 '잘못'

---

20 「절망絶望」은 1938년 4월 『三千里文學』 2집에 발표되었는데 이때 함께 실린 시들이 「석양夕陽」과 「고향故鄕」이었다. 「석양夕陽」은 일반적으로 감각적 모더니즘이 세련되게 표출된 것으로 평가받는 시이지만(최정례는 이 시의 묘사기법이 사실성의 희구에서 온 것이었으며 그것은 기존 관념으로부터의 탈피를 위한 것이었다고 설명한다.(앞의 책, 『백석 시 읽기의 즐거움』, 197~198쪽) 그러나 이 시를 다른 각도에서 볼 수도 있을 것이다. 이 시에 등장하는 영감들은 말상에 범상에 족제비상을 하고 있다. 영감들의 얼굴을 말상이요 범상이며 족제비상으로 묘사한 것은 백석의 전기시인 「오리 망아지 토끼」나 「오리」, 「연자간」, 「황일黃日」 등에 등장하는 동물들의 귀엽고 예쁘고 앙증맞은 모습과는 거리가 멀다. 영감들의 코는 개의 발 같고 말의 안장 같고 거칠고 투박하게 빚은 흙덩이로 묘사되어 있다. 유리창처럼 차갑고 냉혈한 영감들이 사나운 짐승같이 사라져 가는 모습은 백석이 전기시에서 보여주었던 풍경이 아니다. 「고향故鄕」 또한 조화롭고 평화로운 공동체를 드러내는 내용이라기보다는 고향이 아닌 타향에서 살고 있는 시적 주체가, 병을 얻어 혼자 앓아누워 있다가 아버지 같은 의원을 만나 고향에 온 듯한 따듯함을 느꼈다는 내용이다. 이 시 또한 시각을 달리해서 본다면, 시적 주체가 공동체적 안온함과 건강한 삶에서 멀어져 있다는 것으로도 볼 수 있다.

알려진 만주로의 이주를 선택했다.[21]

　백석이 문학적 상상력을 충만히 받을 것이라고 생각했던 만주는 그에게 큰 실망감을 안겨주었고, 현실적 곤궁과 여전한 일제의 강압적 통치는 그의 종적을 감추게 하는 원인이 되기도 하였다. 그러나 백석의 후기시 중에는 그가 전기시에서 보여주었던 아름답고 조화롭고 평화로운 공동체에 대한 그리움과 열망이 나타나 있다. 이 절에서는 「산山」과[22] 「조당操塘에서」라는 두 편의 시를 통해 공동체의 원형 복원 가능성을 타진해 볼 것이다.

1) 생명력이 충일한 조화로운 사물 세계

　백석은 만주에 머물면서 끊임없이 조선을 그리워하였다. 그의 후기시에서 조선의 인물이나 풍속이나 풍경이 빈번히 출현하는

21　만주국은 일제가 1932년에 설립한 괴뢰국가이다. 만주국은 설립 후 13년 동안 피지배 민족에게 씻을 수 없는 상처를 주었다. 일본인, 중국인, 몽고인, 조선인, 백계 러시아인, 오로촌족 등 복합 민족 국가였던 만주국의 문화 정책은 일제의 침략 행위 은폐를 위한 허구에 불과했으며, 왕도낙토, 오족협화를 선전할 목적의 관제 정책이었다.(이복실, 「'만주국'의 문화통치 정책과 연극활동의 변화 양상」, 『국제한인문학』 18집, 국제한인문학회, 2016. 8. 5~9쪽 참조)

22　백석은 1942년부터 1945년 해방 직전까지 행적을 감추고 있었다. 그는 전쟁이 발발하기 전 친구 허준에게 「산山」을 포함하여 몇 편의 시를 전해주는데 허준은 월북하기 전 이 시들을 몇 군데 문예지에 보내 발표하게 한다.(안도현, 앞의 책, 287쪽과 308~310쪽 참조)

것은[23] 당연한 일일 것이다. 조선의 산하는 백석이 조선을 떠나오기 전 이미 피폐해져 있었다. 전기시에서 보여주었던 그의 조화롭고 평화로운 사물 중심의 시는 중기시에 와서 깨지거나 왜곡되거나 일그러진 모습으로 형상화되었다. 그러나 백석은 만주에서 어린 시절을 회상하며 「산山」을 통해 조선의 산을 전경화한다. 시적 주체는 이 야생의 산을 전경화할 뿐만 아니라 그 속으로 뛰어들어 사물의 세계와 동질화된 '나'를 그린다.

> 머리빗기가 싫다면/니가 들구 나서/머리채를 끄을구 오른다는/산山이 있었다//산山너머는/겨드랑이에 짚이 돋아서 장수가 된다는/떠꺼머리 총각들이 살아서/색시 처녀들을 잘도 업어간다고 했다/산山마루에 서면/멀리 언제나 늘 그물그물/그늘만 친 건넌산山에서/벼락을 맞아 바윗돌이 되었다는/큰 땅괭이 한 마리/수염을 뻗치고 건너다보는 것이 무서웠다//그래도 그 쉬영꽃 진달래 빨가니 핀 꽃바위 너머/산山 잔등에는 가지취 뻐국채 게루기 고사리 산山나물판/산山나물 냄새 물씬물씬 나는데/나는 복장노루를 따라 뛰었다
> ―「산山」, 160

---

23 「북방北方에서」, 「국수」, 「흰 바람벽이 있어」, 「두보杜甫나 이백李白같이」, 「칠월七月 백중」 등이며, 대표적인 예를 들어 「허준許俊」을 보면, 이 시가 친구인 허준을 칭송하는 내용으로 되어는 있으나, '맑고 거룩한 눈물의 나라, 따사하고 살뜰한 볕살의 나라, 맑은 하늘과 따듯한 바람결의 나라'를 반복적으로 표출하면서 조선을 그리워하고 있다는 점에서나, 허준의 심성과 행위를 진술하면서 '싸움과 흥정으로 왁자지껄하는 거리'라거나, '추운 겨울밤 병들어 누운 가난한 동무' 또는 '말없이 무릎 위에 있는 어린 고양이의 등만 쓰다듬'고, '그 고요한 가슴 안에 온순한 눈거에 맑은 하늘이 떠오를 것'이라는 묘사 등에서 그가 역시 조선의 사람과 사물을 그리워하고 있다는 것을 알 수 있다.

「산山」은 사물로서의 산이 전설이나 민담 등을 주요 소재로 거느리면서 시상을 주도하는 시이다. 여기에 등장하는 구전 설화들은 어린아이가 받아들이기에는 조금 무서운 내용들일 수 있다. 그러나 그 이면을 보면 이 시는 무서움보다는 건강한 생명력으로 충일하다.

1연의 산의 모습은 강건하고 거대한 모습이다. 그런데 1연에서, "머리채를 끄을구 오"르는 주체를 누구로 상정하느냐에 따라 해석이 다소 달라질 수 있다. 이 주체를 아이로 상정한다면, '아이가 머리 빗기를 싫어해서 머리에 이가 생기면 그 아이는 자신의 늘어뜨린 머리채를 끌고 산을 올라야 하는 체벌을 당해야 한다.'[24]는 의미를 지닐 것이다. 또한 이 주체를 산으로 상정한다면, '아이가 머리 빗기를 싫어해서 머리에 이가 생기면 산이 아이의 머리채를 끌고 간다.'는 의미로 파악될 것이다. 어느 경우이거나 이 산은 아이에게는 무서움의 대상이다. 이 민담의 의의가 머리 빗기를 싫어하는 아이의 훈육을 위한 것이라면, 산이 주체가 된 쪽이 아이에게 더 큰 두려움으로 다가올 것이다. 이 산은 아이에게는 살아서 생동하는 거대한 대상으로 인식되기에 충분하다.

2연에 등장하는 우투리(아기장수) 전설, 겨드랑이에 깃이 돋아서 난세를 극복하는 영웅이 출현한다는 전설은 타나토스(죽음)에 반(反)하는 에로스(생명)의 상상력을 고양시킨다. 그 "떠

---

24 정다운은 "머리채를 끄을구 오"르는 주체를 '아이'로 보고 있다. (최동호, 유성호, 방민호, 김수이 외, 앞의 책, 318~319쪽 참조) 그러나 3연에서 벼락을 맞은 땅꽹이가 바윗돌이 되어 큰 수염을 뻗친 채 바라보고 있기도 하다면, 주체를 살아 있는 산으로 볼 수도 있을 것이다.

꺼머리 총각들이 살아서/색시 처녀들을 잘도 업어간다"는 진술 또한 이 시에서는 건강한 생명력으로 이해된다. 벼락을 맞아 바윗돌이 되었다는 큰 땅괭이조차 '살아' 있는 듯 수염을 뻗치고 있는 모습이다. 이 이미지들은 백석의 전기시에서 자주 등장했던 설화들, 특히 민속신들, 귀신들에 대한 시적 주체의 유년의 무서움을 넘어 건강하고 강인한 생명력을 연상하게 한다.

이 시의 마지막 연을 주목할 필요가 있다. 산의 잔등에서 살고 있는 참취나물, 뻐꾹채, 게로기, 고사리 등은 모두 식용의 나물들이다. 백석의 시 전체를 통틀어 음식 소재는 각별하다. 이 음식은 그의 시에서 사람과 사람은 물론 사람과 사물, 사물과 사물의 관계를 이어주고 맺어주는 역할을 한다. 그의 시 의식에 내재된 공동체의 의미에 이 음식에 누락된다면 공동체 자체가 무산될 정도가 될 것이다.[25] 그러므로 이 시에서 산나물의 출현은 조화로운 공동체의 복원에 대한 그의 염원을 드러내는 것으로 볼 수 있다.[26]

그런데 이 시의 마지막 행을 보면, 고라니의 음식이기도 한 그 산나물들 사이를 '나'가 뛰어다니고 있다. '나'가 산의 잔등에서 복작노루, 고라니를 따라 뛰어다니고 있는 것이다. 생명력

---

[25] 소래섭은 '백석의 시에 등장하는 음식은 단순한 소재로만 평가되어져서는 안 되며 그것은 공동체를 뒷받침하는 공동체 존립의 전제 조건으로 받아들여져야 한다.'고 주장한다.(소래섭, 『백석의 맛』, 프로네시스, 177~181쪽 참조)

[26] 유종호는 백석 시에서의 음식물의 출현을 '조화로운 공동체의 상실에 대한 그리움의 토로이자 그것의 복원에 대한 호소'라고 파악한다.(유종호, 「시원회귀와 회상의 시학-백석의 시세계(상)」, 『문학동네』, 2001년 겨울호, 351~353쪽.(소래섭, 앞의 책 177쪽에서 재인용)

이 충일한 산에서 '나'가 고라니가 된 것이다. 이는 자연과의 합일이라는 단순한 의미를 넘어서서, '나'가 평화롭고 건강한 사물 세계의 공동체 일원이 되었다는 것을 파악하게 한다. 이 시는 사물 세계와 인간 세계가 함께 이루어내는 이상적인 공동체 건설의 가능성을 엿보게 한다.

2) 국경과 민족의 경계가 사라진 인류 공동체

만주에서 백석은 측량 보조원이나 농사짓는 일 등 생계유지를 위해 이런 저런 일들을 하면서 간난을 겪어야 했다. 간혹 조선에 있는 연인 '자야'로부터 물품이나 소식을 전해 받지만 백석의 성정으로 보아 그 외로움을 견뎌내기는 쉽지 않았다.[27]

백석은 또한 측량 보조원이라는 일을 그만두고 농사지을 생각을 하게 되는데 그 무렵「조당操塘에서」라는 시를 완성한다. 이 시에서 시인은 이민족들과 함께 목욕을 한다. 그는 조상도 서로 모르고 언어도 각자 다르고 의식주의 형태도 모두 '다른데' 그들과 함께 목욕을 한다는 것에 대하여 생각한다. 목욕을 하면서 이 '다름'에 대하여 생각한다.

나는 지나支那라 사람들과 같이 목욕을 한다/무슨 은殷이며 상商이며 월越이며 하는 나라 사람들의 후손들과 같이/한 물통 안에 들어 목욕을 한다/서로 나라가 다른 사람인데/다들 쪽 발가벗고 같이 물에 몸을 녹히고 있는 것은/대대로 조상도 서로 모르고 말도 제가

---

27 안도현, 앞의 책, 226쪽.

끔 틀리고 먹고 입는 것도 모두 다른데/이렇게 발가들 벗고 한물에 몸을 씻는 것은/생각하면 쓸쓸한 일이다/이 딴 나라 사람들이 모두 니마들이 번번하니 넓고 눈은 컴컴하니 흐리고/그리고 길즛한 다리에 모두 민숭민숭하니 다리털이 없는 것이/이것이 나는 왜 자꼬 슬퍼지는 것일까/그런데 저기 나무판장에 반쯤 나가 누워서/나주볕을 한없이 바라보며 혼자 무엇을 즐기는 듯한 목이 긴 사람은/도연명陶淵明은 저러한 사람이였을 것이고/또 여기 더운물에 뛰어들며/무슨 물새처럼 악악 소리를 지르는 삐삐 파리한 사람은/양자楊子라는 사람은 아모래도 이와 같었을 것만 같다/나는 시방 녯날 진晋이라는 나라나 위衛라는 나라에 와서/내가 좋아하는 사람들을 만나는 것만 같다/이리하여 어쩐지 내 마음은 갑자기 반가워지나/그러나 나는 조금 무서웁고 외로워진다/그런데 참으로 그 은殷이며 상商이며 월越이며 위衛며 진晋이며 하는 나라 사람들의 이 후손들은/얼마나 마음이 한가하고 게으른가/더운물에 몸을 불키거나 때를 밀거나 하는 것도 잊어버리고/제 배꼽을 들여다보거나 남의 낯을 쳐다보거나 하는 것인데/이러면서 그 무슨 제비의 춤이라는 연소탕燕巢湯이 맛도 있는 것과/또 어늬바루 새악시가 곱기도 한 것 같은 것을 생각하는 것일 것인데/나는 이렇게 한가하고 게으르고 그러면서 목숨이라든가 인생人生이라든가 하는 것을 정말 사랑할 줄 아는/그 오래고 깊은 마음들이 참으로 좋고 우러러진다/그러나 나라가 서로 다른 사람들이/글쎄 어린아이들도 아닌데 쪽 발가벗고 있는 것은/어쩐지 조금 우스웁기도 하다

—「조당操塘에서」

'나'는 나라도 다르고 민족도 다른 "은殷이며 상商이며 월越

이며 하는 나라 사람들의 후손들과" 같이 목욕을 하면서 '다름' 이란 것을 생각한다. 그런데 시가 전개되어 나가면서 '나'가 느끼고 있는 국가와 민족과 생활문화 상의 이 감정적 '다름'이 '같을 수 있음'으로 변모한다.

　처음에 '나'는 한 물에 발가벗고 이민족 사람들과 몸을 씻고 있는 것을 "쓸쓸한 일"이라고 말한다. 이 쓸쓸함의 이유는 동족이 아닌 이민족과 함께 혼자서 생활하고 있는 자신의 처지에 대한 외로움에 있을 것이다. 또한 '나'는 그들이 "니마들이 번번하니 넓고 눈은 컴컴하니 흐리고/그리고 길즛한 다리에 모두 민숭민숭하니 다리털이 없는 것"을 보고, 조선 사람들과는 '다른' 그들의 체형과 체모와 얼굴형을 보고 슬픔을 느낀다. 그러나 이어지는 시의 내용들을 보면 이 슬픔은 '다름' 자체보다도 '다름'의 원인 때문에 오는 슬픔으로 이해된다. 조선 민족인 '나'와 지나 민족인 저들은 왜 달라야 하는가에 대한 안타까움의 표출인 것이다. '나'는 "왜 자꼬 슬퍼지는 것일까"라며 슬픔의 원인을 찾기 시작한다.

　이민족들과 함께 목욕을 하면서 처음 느꼈던 '나'의 정서는 변화를 보이기 시작한다. "나주볕을 한없이 바라보며 혼자 무엇을 즐기는 듯한 목이 긴 사람은/도연명陶淵明은 저러한 사람이였을 것이고/또 여기 더운물에 뛰어들며/무슨 물새처럼 악악 소리를 지르는 삐삐 파리한 사람은/양자楊子라는 사람은 아모래도 이와 같았을 것만 같다"고 생각한 이후의 일이다. 비록 이민족이지만 '나'가 좋아했다고 하는 도연명과 양자도 이들과 같은 민족이며, 그래서 이 두 사람이 지금 함께 목욕하고 있는 사람들과 같았을 것이라는 생각을 했던 것이다. 민족만 다를 뿐이지 이 '다름'을 어떻게 이해하느냐에 따라서 이 '다름'은 '같음'이 될 수 있다는 것을 보여준다. 그러면서 '나'는 이 생각의 변화를 통해 이민족 사람들을 갑자기 반가워하게 된다.

그러나 아직 '나'는 자신이 저들과 다르다는 생각에서 온전히 벗어나지 못하고 있다. '나'는 "조금 무서웁고 외로워진다"고 말한다. 그러나 '나'의 생각은 그 사람들의 행동과 태도를 관찰하면서 한번 더 달라진다. '나'는 저들이 "더운물에 몸을 불키거나 때를 밀거나 하는 것도 잊어버리고/제 배꼽을 들여다보거나 남의 낯을 쳐다보거나 하"면서 "그 무슨 제비의 춤이라는 연소탕燕巢湯이 맛도 있는 것과/또 어늬바루 새악시가 곱기도 한 것 같은 것을 생각하"고 있을 것이라고 상상한다. 그러는 와중에 '나'에게 이제 그들은 우러러보이기까지 한다.

'나'의 이런 심정의 변화는 그들의 행위가 「모닥불」에서 지위 고하를 막론하고 둥글게 모여들어 불을 쬐고 있는 사람들의 행동과 별반 '다르지 않다'는 것을 '나'가 이해했기 때문일 것이다. '나'는 "목숨이라든가 인생人生이라든가 하는 것을 정말 사랑할 줄 아는/그 오래고 깊은 마음들이 참으로 좋고 우러러진다"고까지 생각하게 된다.

이 시는 '나'가 타민족과의 이질성이 동질성으로 변모될 수 있다는 가능성을 열어준다. 이는 백석 시에 나타나는 공동체의 모습이 가족 단위나 마을 단위 또는 국가 단위를 넘어 보다 확

장적으로 해명될 수 있다는 것을 보여주는 것이다.[28]

III. 결론

 이 글은 백석의 시를 세 시기로 구분하여 각 시기에 해당되는 시를 '사물 중심의 시'와 '인간 중심의 시'로 나누어 고찰함으로써, 시에 나타난 '공동체 모습'의 변화를 추적해보았다. 그 결과 그동안 밝혀졌던 백석 시의 공동체 의미에 대한 한계를 극복하고 확장할 수 있다는 가능성을 파악하게 되었다.
 백석 전기의 시에서 「황일黃日」은 사물 중심의 세계에 나타난 모범적인 공동체의 실체를 보여주었다. 이 공동체에서 사물들은 자연의 순리에 따르는 평화로운 공존의 모습을 드러냈다. 「모닥불」은 인간 중심의 세계에서 볼 수 있는 원형적(原型的) 공동체의 모습을 제시했다. 이 공동체에서는 위계 의식이 없는 인간 관계와 이 세계에 동참하는 사물들의 모습이 조화롭게 묘사되었다.
 백석의 중기시에서 「야우소회夜雨小懷」 및 「꼴뚜기」는 왜곡된 사물 세계의 풍경을 보여주는 것이었다. 낯설고 이질적인 이

---

[28] 신주철은 만주에 체류하였던 동시대 작가들이 의사제국주의자가 되어 일본/조선 사이의 제국/식민, 근대/비근대를 기반으로 하는 우월과 열등의 차이를 조선/중국으로 치환하였으나, 백석은 중국의 일상적이고 사소한 행위, 민속 등에 주목하고 그들 행위의 근본 심성을 존중하여 동참하기도 하였다고 기술한다. (신주철, 「백석의 만주 체류기 작품에 드러난 가치 지향」, 『국제어문』(45), 국제어문학회, 2009.04. 251~277쪽)

미지들은 안전하거나 자연스럽지 않았다. 「절망絶望」은 인간 중심 세계에서의 절망적인 현실을 드러냈다. 시인이 이상적으로 상상하고 있었던 북관의 여인과 아이의 동태는 무너진 공동체의 실체를 보여주는 것이었다.

백석의 후기시 중 「산山」은 건강하면서도 야성적인 생명력이 바람직한 공동체를 복원시킬 수 있다는 믿음을 주었다. 이 시에서 '나'는 고라니가 되어 사물 공동체 속에서 동질감을 회복한다. 「조당操塘에서」는 국가와 민족이라는 경계에서 파생된 괴리감과 이질감을 극복할 수 있는 가능성을 보여주었다. 이 시에서 '나'는 이민족들과 함께 목욕을 하면서 그들과 모두 같은 인간이라는 연민과 연대감을 갖는다. 이 두 편의 시들은 무너진 공동체가 새롭게 재건될 수 있다는 시인의 시 의식을 보여준다.

이는 나라와 민족뿐 아니라 인종에 대한 경계까지도 허물어질 수 있다는 것을 암시해준다. 또한 백석 시에 대한 이런 확장적 해석은 다문화, 다민족 사람들과 공존하고 있는 현재의 우리나라의 상황에도 시사하는 바가 있을 것이다.

아울러 추후의 연구 과제 두 가지가 남는다. 하나는 각주 11)에서 밝혔듯이 백석 시에서의 '울음'의 의미를 보다 정밀하게 분석해보는 것이다. 또 하나는 이 글에서 백석 시의 분류 기준이었던 '사물 중심의 시'와 '인간 중심의 시'를 시기 구분 없이 백석 시 전체에 적용해보는 것이다. 이로 인해 백석 시에 대한 시인의 시 의식을 보다 면밀하게 파악하게 하는 결과를 얻을 것으로 판단된다.

참고 문헌

1. 기본 자료

고형진 편, 『정본백석시집』, 문학동네, 2011. 9.
김재용 편, 『백석전집』, 실천문학사, 2005. 7.

2. 논문 및 평론과 단행본

고형진, 『백석 시를 읽는다는 것』, 문학동네, 2013. 12.
_____, 「백석의 음식 기행, 우리 문화와 역사의 탐미」, 『서정시 학』, 2012년 봄호, 서정시학, 2012. 3.
_____, 『백석 시 바로읽기』, 현대문학, 2006. 5.
곽효환, 『한국 근대시의 북방의식』, 서정시학, 2008. 8.
김명철, 『현대시의 감상과 창작』, 푸른사상, 2020. 4.
_____, 「백석 시와 이중섭 그림에 나타난 대이상향의 세계」, 『비평문학』 43호, 한국비평문학회, 2012. 3.
김영진, 『백석 평전-외롭고 孤 높고 高. 쓸쓸한 寒』, 미다스북스, 2011. 1.
김응교, 『한민족문화연구』 44집, 한민족문화학회, 2013. 10.
김자야, 『내 사랑 백석』, 문학동네, 1995. 6.
금동철, 「훼손된 민족공동체와 그 회복의 꿈-백석론」, 조창환 외, 『한국현대시인론』, 한국문화사, 2005. 5.
남지현, 「백석의 초기 소설에 나타난 백석 문학의 원형적 특성

연구」, 한국문학논총 78권, 한국문학회, 2018. 04.

박주택,『낙원회복의 꿈과 민족정서의 복원-배석 시 연구』, 시와시학사, 1999. 8.

소래섭,『백석의 맛-시에 담긴 음식 음식에 담긴 마음』, 프로네시스, 2009. 12.

손미영,「백석 시의 유토피아 의식 연구」,『한민족문화연구』40권, 한민족문화학회, 2012. 6.

신주철,「백석의 만주 체류기 작품에 드러난 가치 지향」,『국제어문』45권, 국제어문학회, 2009. 4.

안도현,『백석 평전』(초판 17쇄), 다산책방, 2019. 7.

오양호,「일제 강점기 북방파 이민문학에 나타나는 작가의식 연구-백석의 후기시를 중심으로」,『한민족어문학』45권, 한민족어문학회, 2004. 12.

이경수,『한국현대시와 반복의 미학』, 월인, 2006. 3.

이근화,『근대적 시어의 탄생과 조선어의 미학』, 서정시학, 2012. 9.

＿＿＿,「백석 시의 고유명과 조선시의 현장」,『어문논집』57권, 민족어문학회, 2008. 4.

이동순,『잃어버린 문학사의 복원과 현장』, 소명출판사, 2005. 12.

이명찬,「백석 시에 나타난 '민족적인 것'의 의미」,『문학교육학』42호, 한국문학교육학회, 2013. 12.

이복실,「'만주국'의 문화통치 정책과 연극활동의 변화 양상」,『국제한인문학』18집, 국제한인문학회, 2016. 8.

이숭원,『갈매나무의 시인 백석』, 살림, 2012. 12.

이승이, 「희망의 한 풍경으로서 백석의 만주 시편」, 『어문연구』
　　　65권, 어문연구학회, 2010. 9.
이현승, 「백석 시의 환상성 연구」, 『한국시학연구』 34권, 한국
　　　시학회, 2012. 8.
장예원, 차충환, 「낭시의 공동체 이론을 통해 본 〈변강쇠가〉의
　　　한 성격」, 『비평문학』 62호, 한국비평문학회, 2016. 12.
지주현, 『백석 시와 서술적 서정성』, 푸른사상, 2013. 2.
최동호, 유성호, 방민호, 김수이(외), 『백석 시 읽기의 즐거움』,
　　　서정시학, 2006. 9.

주체적 존재로서의 사물들(1)
— 김신용의 「칸나」, 김나영의 「이것은 계란이 아니다*」, 손택수의 「한 켤레의 구두*」가 들려주는 사물들의 메시지

2. 주체적 존재로서의 사물들(1)
— 김신용의 「칸나」, 김나영의 「이것은 계란이 아니다*」, 손택수의 「한 켤레의 구두*」가 들려주는 사물들의 메시지

필자는 사물과 대화를 나누는 시인들의 시를 지속적으로 읽어 오면서[1], 인간 생명의 기원이 어쩌면 현재 가장 신뢰받고 있는 우주의 기원 이론과 괘를 같이 하여, 아직까지는 정체를 알 수 없는 '한 점으로서의 물질-무기물-유기물-생명체-인간'의 진행을 따랐을 것이라는 추측을 해보았다. 그래서 인간은 생명에 대한 애착을 갖지 않을 수 없을 것이며, 또 인간은 유기물들에 대하여 연민하지 않을 수 없을 것이며, 그래서 또 인간은 무기물들에 대하여도 연대하지 않을 수 없을 것이라는 논지를 드러냈다. 이 글에서는 시적 대상으로서의 객체적 입장이 아니라 시인

---

1 김명철의 『현대시의 감상과 창작』(푸른사상, 2020), 124~147쪽 참조

들의 의지와 사유를 촉발시키는 주체적 존재로서의 사물이 등장하는 시들을 읽어보려 한다.

(사실 '사물(事物)'은 일과 물건을 일컫는 용어다. 이 글에서의 사물은 그 중에서도 '물건/물질'을 의미하는데 쓰기로 한다. 또한 물질이란 형식/형태를 갖춘 자연계의 구성 요소이며 자연현상을 일으키는 실체로, 감각의 원천이 되는 것을 말한다. 그러니까 여기서 말하는 사물이란 비물질적인 정신이나 마음이나 영혼 같은 대상과는 대척점에 있는 것이라고 해두자. 동물이 사물인가, 동물에게 있는 마음이나 영혼이란 무엇인가, 식물인 칸나에는 영혼이 없는가, 계란은 동물인가, 계란의 흰자와 노른자가 분리된다면 이는 사물인가, 생물은 어디까지이고 무생물은 어디까지인가, 동물이 죽어서 남기는 가죽에는 영혼이 있는가, 없는가, 우리는 왜 무기물의 세계에 속한 큰 바위 앞에서 두 손을 모아 기원을 하는가, 돌멩이에게도 영혼이 있는 것은 아닌가, 사람의 주검을 사물로 부를 수 있는가, 등등의 질문에까지 이르게 되면 이 글은 논지에서 너무 멀어지게 된다)

사물과의 대화는 경이롭다. 어떤 사물은 악몽처럼 다가오고 어떤 사물은 낙원을 꿈꾸게도 한다. 그 어떤 사물들이란 나와 무슨 관계가 있는 것일까. 시적인 감각이 있는 사람들과 그렇지 않은 사람들이 사물을 대하는 태도는 다른 것 같다. 전자가 사물을 주체로서 응대하거나 자신과 대등하게 교호하는 존재로 인식하는 반면 후자는 사물을 객체로 받아들이면서 그들을 단순히 생활의 수단이나 도구로만 인식하는 것 같다.

시인들이 사물과 대화를 나눌 때 시인이 먼저 사물에게 말을 걸지는 않는 것 같다.(필자의 경우에는 특히 그렇다) 사물이 먼저 시인에게 다가오는 것이다. 아무 생각 없이 길을 갈 때, 생각 없이 어떤 단순한 작업에 몰두해 있을 때, 역시 생각 없이 멍하니 있을 때, 그러니까 유리창 같은 것을 아무 생각 없이 닦고 있을 때 사물이 느닷없이 말을 걸어오고는 하는 것이다. 그러면서 그 사물은 그동안 보아왔던 형태나 색깔을 바꾸어서 아니면 더욱 강력해진 본래의 형상으로 시인의 눈에 들어온다. 한 여름 새빨갛게 피어 있는 칸나가 불현듯 다가와 그의 의지를 보여준 적이 있는가.

칸나의 붉은빛은 강렬하다. 작열하는 여름 태양의 뜨거운 햇살을 반사하는 칸나의 붉은 빛은 뇌수처럼 강렬하다. 김신용 시인의 「칸나」에서 시적 주체는 칸나의 붉은 빛을 보고 전율한다. 한 가닥 밧줄에 의지한 채 고공에 매달려 있던 시적 주체가 칸나의 붉은 빛에 눈을 찔리고야 만다.

    거기, 칸나가 있었다
    발아래, 까마득히 내려다보이는 발아래
    여름 화단이 있었고, 거기, 강렬하게 칸나가 피어 있었다
    칸나, 여름의 꽃 칸나—, 눈을 찌르는 붉은 빛의 칸나
    현기증이 일었고, 투명한 유리의 벽이 물컹한 액체처럼 느껴졌었다
    순간 폭발하던 칸나, 칸나의 붉은 꽃, 꽃의 뇌수—
    —까마득한 공중에서 추락해 붉게 터져 나오는 뇌수
    호르무즈 해협의, 보이지 않는 강철 물고기에 의해 폭발하는 섬광

같았다

  여름의 화단에 붉게 피어 있던 칸나, 칸나의 붉은 꽃

  그 꽃의 뇌수는—.

  그런 여름이었고, 콜타르처럼 끈적하게 땀이 달라붙는 여름이었고

  호르무즈 해협을 건너온 강철 물고기가 건물 벽에 부딪힌 듯, 유리는 햇살을 퉁겨냈고

  조금씩 하강할수록 더욱 크고 붉게 투신해오던

  칸나의 붉은 꽃—.

  꽃의 뇌수—. 이것이 칸나를 본, 그 여름의 기억이라면

  그래, 꽃의 뇌수—, 내가 한 가닥 밧줄에 의지해 고층 건물의 외벽에 매달려 유리를 닦고 있을 때

  문득 아래를 내려다보았을 때

  그 꽃도, 대지의 한 가닥 밧줄에 매달려 있는 삶의 얼굴인 것처럼

  생의, 마지막 뇌관에 불을 붙인, 자폭의, 아름다움인 것처럼

— 김신용, 「칸나」, 『시산맥』, 2019, 겨울호

  눈을 찔린 시적 주체는 현기증을 느낀다. 유리벽이 액체로 다가온다. 마음만 먹으면 이쪽에서 저쪽으로, 저쪽에서 이쪽으로 헤엄치듯 건너갈 수 있다. 그런데 시인의 눈에 들어온 폭발하는 칸나의 붉은 뇌수가, 인간과 사물의 경계를 이루던 유리벽을 헤엄쳐 건너오듯, 공중에서 추락하는 자신의 붉은 뇌수로 바뀐다. 폭발한 칸나와 추락한 '나', 칸나의 뇌수와 '나'의 뇌수의 일체화! 찬연한 타나토스가 일어난다. 그런데 이 뇌수가 이제는 호르무즈 해협에서 발사된 폭발물, 강렬한 석유 냄새를 풍기는 강철 물고기가 폭발하는 섬광이 된다. 죽음이다. 시적 주체와 칸

나 모두 이 섬광이 되어 주검이라는 무기물로 환원된다.

G. 프로이트는 자기 자신을 파괴하고 생명이 없는 무기물로 환원하려는 죽음 충동을 타나토스라고 불렀다. 그렇다면 생명이 없는 무기물이 다시 생명이 있는 유기물로 환원되는 생명 충동을 에로스라 부를 수 있을 것인가. 그렇다. 시적 주체는 강철 물고기의 폭발을 보고 죽었다가 다시 살아난다. 그는 조금씩 하강한다. 그럴수록 칸나는 더욱 크고 붉게 투신해온다. 칸나는 꽃의 뇌수, 꽃의 정수를 보여준다. 대지의 한 가닥 밧줄에 매달린 꽃의 얼굴 속에서 그는 한 가닥 밧줄에 매달린 자신의 얼굴을 본다. 그는 자폭하는 에로스의 충동, 즉 삶의 충동을 끝내 견디지 못할 것이다. 꽃이 그러하듯, 시적 주체도 생의 마지막 뇌관에 화려한 불을 붙이고야 말 것이다. 시인과 시의 정수, 인간의 정수를 보여줄 것이다. 칸나의 꽃말이 행복한 종말이었던가.

이 찬란한 시에서, 강렬한 의미와 이 의미를 조금 더 강렬하게 떠받치고 있는 뜨거운 이미지들 속에서, 우리는 사물이 지닌 의지의 두 극단, 유기물의 죽음 충동과 무기물의 생명 충동을 동시에 생생하게 체험한다. 「칸나」는 사물/인간, 무기물/유기물의 경계가 단단한 벽이 아니라 액체일 수도 있다는 것을 보여준다. 사물의 마음과 눈빛을 읽으면 벽을 누그려 뜨려 인간이 그 속으로 들어갈 수 있으며, 그 속에서 무기물의 의지도 확인할 수 있다는 것을 보여준다. 길지 않은 이 시에서 우리는 생명과 죽음에 대하여 시인이 나누는 사물과의 속 깊은 상호교호를 볼 수 있다. 사물이 시인과 몸을 섞으면 이렇게 존재의 아름다움과 또 처연한 슬픔을 같이 보여주는가.

사실 칸나와 같은 사물들은 우리의 생활 속에서 수동적인 대상으로 그리고 시 속에서는 감각의 대상으로만 존재하는 것 같지만, 실제로 이러한 판단은 주관적인 인식에 불과하다. '코기토'이래 인간의 주체성이 강조되어 왔고 필자를 비롯한 다수의 문학인들이 여전히 그런 생각의 틀에서 크게 벗어나고 있지 못하지만, 사실 '생각과 존재'의 선후 관계는 아무리 따져든다 할지라도 결론에 이르지 못한다. 계란이 먼저냐 닭이 먼저냐 라는 질문이나 마찬가지다.
　그런데 시인의 눈에는 때로, 확고하게, 닭보다는 계란이 먼저인 경우가 있다. 무기물이 유기물이 되면 유기물밖에 못 되지만, 계란이 부화하면 닭밖에 안 되지만, 칸나는 칸나일 수밖에 없고 「칸나」의 시인은 「칸나」의 시인일 수밖에 없지만, 이 유기물들이 무기물로 환원되면 그들은 칸나도 될 수 있고 뇌수도 될 수 있고 강철 붕고기도 될 수 있고 계란도 될 수 있고 닭도 될 수 있고 '나'나 '너'나 그리고 김나영이라는 시인까지도 될 수 있을 것이다.

　　계란이 부화하면 닭밖에 안 된다

　　프라이팬 밖에서 계란은 깬다, 깨진다, 터뜨린다 등의 서술어와 만나서 닭 아닌 그 무엇이 된다

　　계란은 늘어진 모공과 만나서 거품을 문다, 일으킨다, 부푼다, 녹

이다, 조이다, 침투하다 등의 동사와 어울려서 맛이 되거나 멋이 되거나

    욕실 바닥을 박박 기거나 텀블러 안에서 쉑쉑쉑- 쉑쉑쉑- 산산조각 나는 춤을 추다가

    계란은 계란을 버리고, 이름을 버리고, 껍질도 벗어 버리고

    계란은 쥔다, 던진다, 겨냥한다 등의 결의와 목적과 의기투합할 때 날개가 돋는다 하늘을 난다 프라이팬보다 더 뜨거운 광장의 불타는 주먹이 된다 고소한 주먹이 된다 자동차 건물 검은 머리 철면피 양복 넥타이를 타고 비릿하게 흘러내릴 때쯤 들끓던 공분(公憤)이 숨을 고른다

    계란은 흰자와 노른자 사이에 핏줄을 숨기고 계란 장수의 목청을 쥐어짠다

    계란이 왔어요~ 싸고 영양가 많은 계란이 왔어요~ 요리조리 가능한

    계란은 어디까지 가보았을까

  * 르네 마그리트, 「이것은 파이프가 아니다」 제목 차용
    — 김나영, 「이것은 계란이 아니다*」, 『시인광장』, 2020. 2월호

계란은 프라이팬 밖에서 혹은 늘어진 모공을 만나 다양한 변

신을 시도한다. 이 변신은 능동성과 수동성을 모두 동반한다. 계란이 깨고, 거품을 물고, 일으키고, 부풀고, 침투하는 현상은 주체적 능동성이며 계란이 깨지고, 녹고, 조이는 현상은 객체적 수동성이다. 그러다가 계란은 마치 '단독자(單獨者)'처럼 홀로 서기도 한다. 계란은 욕실 바닥을 박박 기거나 텀블러 안에서 쉑쉑쉑- 쉑쉑쉑- 산산조각 나는 춤을, 스스로, 추기도 하는 것이다.

계란도 시처럼, 자유로운 영혼, 아름다운 탈주를 목표로 하고 있는 것일까. 마침내 '계란은 계란을 버리고, 이름을 버리고, 껍질도 벗어 버리고' 주체가 되어, 쥐고, 던지고, 겨냥한다. '갇힌 닭'이 아닌 계란에 날개가 돋고 하늘을 난다, 비상한다. 뜨거운 광장의 불타는 주먹까지도 된다. 공분을 터뜨린다. 계란은 이제 수동성에서 완벽하게 벗어나 계란 장수를 불러내 그의 목청을 쥐어짜기도 한다.

이 시에서 시인과 사물과의 관계는 시가 신행될수록 역선되는 현상이 일어난다. 시인은 처음에 주체를 규정하는 서술어의 동반에 기대어 계란의 태도를 해명해주는 정도에서 사물과의 교감을 시도한다. 그러다가 중반쯤부터 시인은 계란의 태도가 단순히 수동적이지 않다는 것을 간파한다. 계란이 시인의 심상으로, 마치 액체의 벽을 뚫고 헤엄치듯이, 진입해 들어온 것이다. 계란은 급기야 하늘을 나는 주체가 되거나, 사람(계란 장수)을 제 의지대로 움직이게도 하는 것이다.

이 시의 제일 마지막 문장은 그래서 시인의 독백이 아닌 것처럼 들린다. 앞선 계란의 행위들을 보고 시인이 반추나 성찰을 하는 것이 아니라, 계란이 시인에게 적극적으로 그렇게 생각 좀 해보라고 요청해온 것처럼 들린다. "계란은 어디까지 가보았을까"라는 시인의 말은, '계란인 내가 어디까지 가보았는지 시인인 네가 알 수 있을 것 같아? 아마 상상도 못할 걸?'이라는 계란의 시인에 대한 사유 추동 속에서 이루어진 진술 같다. 시인이 계란의 이런 무언의 목소리를 들었다면 미소를 지었을까 아니면 당황했을까.

앞선 두 편의 시에서 보았듯이 시인들에게 주체적으로 접근한 사물들은 특별한 인상만을 남기고 사라지는 것 같지는 않다. 그들은 감상의 대상이 아니라, 시인들에게 자신들의 태도를 보고 세계에 대해 적극적으로 다시 새롭게 해석해보라는 요구를 하는 것만 같다. 그러니까 시인의 눈과 마음에 들어온 사물들은 단순히 감정의 대입 혹은 이입물로서가 아니라 시인들로 하여금 어떤 사유를 끌어내게 하는 주체로서 작용하는 것만 같다.

손택수 시인이 낡은 구두 한 켤레에 빠져들었다. 역시 시인이 구두에게 먼저 다가간 것이 아니라 구두가 시인의 눈을 먼저 사로잡았다. 그래서일까, 시인은 발이 구두를 벗는 것이 아니라, '구두가 발을 벗어 놓았다'라고 시작한다. 그러면서 시인은 '가죽의 심정'을 헤아린다. 가죽이 부르튼 발을 잊지 못하고 있다는 것이다. 어떻게 시인은 이런 가죽의 심정을 알게 되었을까. 그것은 구두를 매개로 하여 소환된 시인의 단순한 유년의 기억일까. 유년의 기억이 끌어낸 상상에 불과한 것일까.

구두가 아니라 발을 벗어 놓았다
가죽은 발이 빠져나간 뒤에도 부르튼 발을 잊지 못하고 있다

해진 가죽 위에 앉은 먼지들은 소멸을 이야기하는 듯하다
아마도 타박이는 저 먼지들이 체액에 젖은 구두 가죽 속으로 스며
들어 까맣게 뭉친 빛을 내는 것이리라

바람도 눈보라도 들판도 가죽의 살갗 속으로 들어와 어느새
그들을 닮은 발을 바람벽처럼 안아주고 있는 것이리라

세족식이라도 하듯 지상으로 내려온 노을빛이
무쇠솥에 데운 물처럼 발을 품어주고 있다

발톱이 돌조각 같았던 사람
무덤구덩이 속처럼 컴컴한 구두에 발을 집어넣는다

발등 위에 어린 내 발을 올려놓고 걸음마를 시키던,
낡은 구두만 남겨놓고 그는 어딜 갔는가

* 빈센트 반 고흐, oil and canvas, 45×37.5cm.
— 손택수,「한 켤레의 구두*」,『붉은 빛이 여전합니까』, 창비,
2020.

시인은 해진 가죽 위에 앉은 먼지들을 보면서 소멸을 이야기한다. '소멸'이란 앞선 리뷰들과「칸나」에서도 언급했듯이, 사

물이 생명이 없는 무기물로 환원되어 에로스적 충동 속으로 진입하는 것. 이 시의 소멸 속에는 어디서 날아온 먼지뿐만 아니라, 구두 자체와 구두가 벗어놓은 발의 소멸도 포함된 것이리라. 그러니까 시인의 눈에는 발의 체액과 구두 가죽과 그 위의 먼지들이 함께 뭉쳐, 구두 가죽 속으로 스며들어, 까맣게 빛을 내고 있는 모습으로 보이는 것이다.

그런데 시인은 가죽 속으로 들어오는 것이 발의 체액과 먼지들만이 아니라고 말한다. 가죽의 살갗 속으로 들어오는 것들에는 바람도 눈보라도 하물며 들판까지도 포함된다. 노을빛까지 들어와 발을 품어주기까지 한다. 사실 '발'에게는 바람 불고 눈보라 치는 들판이라면 고역일 것이다. 그런데 그것들도 발톱이 돌조각 같았던 사람의 발을 닮았다고 한다. 게다가 노을빛은 이 시적 대상들이 지상에 있었다는 사실 자체가 곧 큰 노고라고 말해주는 듯, 발을 품어 성스럽게 씻어주고 있다. 모든 존재들에 대한 연민의 정에 숙연해지는 대목이 아닐 수 없다.

손택수 시인은 이 시를 통해 사람과 사람 사이의 유대, 사람과 사물 사이의 유대, 사물과 사물 사이의 유대, 그리고 결국 이 모든 존재들 사이의 유대를 보여준다. 이 유대는 시간과 공간의 제한에도 얽매어 있지 않다. '발등 위에 걸음마를 시키고 있었던' 과거진행형이면서, 지금, '발톱이 돌조각 같았던 사람이, 무덤구덩이 속처럼 컴컴한 구두에 발을 집어넣고 있'듯이 현재진행형이기도 하다. 이는 사실 미래에도 그럴 것이라는 미래진행형을 암시하고 있는 것이기도 하다.

다양한 사물들과 '함께'해진 구두가 시인에게 전해주는 메시지들은 시인의 시가 되어 아름다운 이미지로 우리에게 전송되었다. 우리는 이 이미지들에서 모든 존재하는 것들의 시·공간적인 유대와 공존과 '스며드는' 일체감을 체감했다. 이는 분명 시인의 유년의 기억을 초과하는 내용이다. 이 시는 단순히 해진 구두와 그 구두를 신고 험난한 세상을 살았던 사람에 대한 추억과 그리움을 넘어서고 있는 것이다.

그렇지만, 그렇다 해도, 사람의 사람에 대한 그리움에 대해서는 필자도 사람으로서 어쩔 수 없나보다. 이 시의 마지막 구절로 바이러스에 매몰된 시간을 달래보게 된다.

발등 위에 어린 내 발을 올려놓고 걸음마를 시키던,
낡은 구두만 남겨놓고 그는 어딜 갔는가

주체적 존재로서의 사물들(2)
― 김중일의「백자」, 신용목의「겨울의 미래」, 천수호의「검은 철사 너머」, 휘민의「살아 있는 동안」

3. 주체적 존재로서의 사물들(2)
― 김중일의「백자」, 신용목의「겨울의 미래」, 천수호의「검은 철사 너머」, 휘민의「살아 있는 동안」

  사물이 시인을 통해 우리에게 전해주는 내용에는 제한이 없다. 사소한 일상의 일들에서부터 먼먼 우주의 이야기까지 원근을 가리지 않는다. 시시한 협잡에서부터 지고한 진리에 이르기까지 극에서 극을 달린다. 어느 사상가의 말대로 사물과 교감하는 시인의 사유가 극단적 유물(唯物)에서 극단적 유심(唯心)으로 가로질러 가는 경우도 있다. 인간이 애초에 무기물로서의 사물이었다는 점을[1] 인정한다면 무기물에서 유기물로 혹은 그 반대 방향으로, 비가시적 대상이 가시적 실체로 혹은 그 반대 방향으로 진행하고 상호 교호하는 이런 현상(現像)에 낯설지 않을

---

1 김명철의『현대시의 감상과 창작』(푸른사상, 2020), 124~133쪽 참조.

것이다.

 우리의 하루하루는 늘 불안불안하다. 과거에도 그랬고 지금도 그렇고 앞으로도 그럴 것이다. 동쪽에서도 그랬고 서쪽에서도 그럴 것이다. 전쟁 같은 생활이 그렇고 바이러스 같은 관계가 그렇고 화폐 같은 악순환이 그럴 것이다. 경계하고 경계해도 어느 덧 생각이나 생활에 틈이 나고 실금이 가기 일쑤다. 백자처럼, 떨어뜨리기라도 하는 날에는 박살을 각오해야 한다.

 김중일 시인은 「백자」에서 백자를 통해 우리 삶의 실상을 적확하면서도 흥미진진하게 들려준다. 그 이야기는 소소한 일상의 내용인 듯하지만 우리의 현재에 대한 존립 근거에까지 다다른다. 관념적 실존(實存)이 아니라 실체적 실존이다. 「백자」에서 백자는 무수한 실금이 나 있는 둥근 형태의 도자기라는 사물로 등장하지만 이 사물은 끊임없이 광폭의 변모를 시도한다. 시에서 백자는 우리가 살아가는 세상살이의 단면들이기도 하고 하나의 사색이기도 하며 지구라는 행성이기도 하다. 나아가 우주이기도 하고 지금, 오늘 하루이기도 하다.

 온 세상에 무수히 실금이 가 있다
 봄날의 아지랑이에서 한겨울의 나뭇가지까지,
 무수히 무심한 얼굴들의 주름들
 특히 네 입술의 주름들, 키스하는 순간 산산이 깨질 것 같다

 기어이 백자를 깨뜨릴 듯 검은 새 한 마리가 내 정수리 위로 화살처럼 스치고 간다

머리카락이 백자 위로 난 실금처럼 쭈뼛 선다
이러다가 내 머리 바로 위에서 백자가 산산조각 날까 무섭다

내 머리 위에서 땅거미가 내 머리카락으로 거미줄을 치고
밤마다 내 꿈 밖으로 달아나는 것들이 걸리길 기다린다
달아나다 공중에 난 실금에 걸려드는 순간 백자가 산산조각 나는 꿈

하나뿐인 백자에 누군가 매일 던지는 짱돌처럼 해와 달이 눈부시게 날아든다
백자 한쪽에 오늘은 검은 구멍이 뚫린 듯 먼 산의 연기와 불길,
연기와 불길을 뿜으며 하늘로 까마득히 추락하듯 산 넘어 멀어지는 비행기

너는 거대한 산불을 흔들리는 눈으로 바라보며
우리에게 언제나 단 하나 남은 백자를
무심히 내쉬는 한숨에도 재처럼 허물어질 온통 실금투성이 오늘 하루를 두 손으로 조심히 들어 올린다

무척
깨지기 쉬우나
그래서
깨지지 않는다

사람들의 유골이 담긴 오늘의 백자를 검은 창에 묻는다
— 김중일, 「백자」 전문 (『창작과 비평』 2020년 겨울호)

실금이 가 있는 백자의 형상은 시인으로 하여금 다양한 연상과 상상을 불러일으킨다. 백자는 둥근 얼굴을 불러오고 그중에서도 '너'를 떠오르게 한다. 특히 백자의 실금은 '너'의 입술에 난 주름을 불러오고 키스를 생각하는 짜릿한 순간과 그 이후에 뒤따를 곤혹을 상상하게 한다. 이 곤혹은 타자와의 관계라는 의미로 전이된 백자가 깨지지나 않을까 하는 두려움으로도 변한다.

백자는 '나'로도 변신한다. 나의 머리나 나의 일상이나 나의 꿈(夢이나 所望이나 理想)으로도 변이한다. 나의 꿈이 나에게서 달아나 내 스스로가 혹은 세상이 쳐놓은 실금이라는 함정에 걸리기라도 하는 날에는 백자가 깨지듯 '나'도 산산조각이 나지 않을까 불안하다.

백자는 지구라는 행성으로도 변한다. 지구로 몸을 바꾼 백자에 햇빛과 달빛이 매일 같이 날아들고 거기에서 화산이나 포탄이 폭발하기도 한다. 백자를 닮은 지구상에서 살아가는 우리에게 오늘 하루라는 또 다른 백자는 이런 저런 불안에 내쉬는 한숨에도 허물어질 것처럼 불안하다. 그러나 백자는 쉽게 깨지지 않을 것이다. 우리는 우리가 사랑하는 '나'와 '나'의 꿈과 '너'와 그리고 그 사랑들의 전제인 이 지구라는 행성을 두 손으로 조심스럽게 받쳐 들고 있기 때문이다. 오늘이라는 유골이 담긴 백자는 묻어두어야겠지만 내일의 백자가 다시 남아 있을 것이다.

우리는 흙의 후손이면서 물의 후손이기도 하므로 어쩌면 우리는 물과 흙으로 빚어진 백자의 후손일 수도 있을 것이다. 물과 흙의 기원을 생각한다면 우리는 바람의 후손이면서 우주에 떠다니는 암흑 물질의 후손이기도 하다. 우리는 해와 달의 후손이면서 흙의 전신인 돌의 후손이기도 하고 물의 전신인 수소나 산소의 후손이라 해도 이상할 것이 없을 것이다.

신용목 시인이 우리를 물의 세계인 바다로 이끈다. 하얀 물보라가 인다. 파도가 일으키는 하얀 물보라는 하얀 사람, 눈사람을 떠오르게 한다. 바다는 지난겨울 눈 녹듯이 사라져갔을 무수히 많은 눈사람들의 본향이다. 그러므로 여름 바다가 눈사람의 말을 하고 그 말을 시인이 들을 수 있다는 것은 자연스러운 일이다. 파도의 어디가 눈사람의 몸이었고 어디가 눈사람의 머리였는지 알 수는 없지만 눈사람들이 만들어내는 여름 바다는 아름답다. 거기에 우리의 '사랑'이 있으므로.

여름의 바다, 파도는 가끔 눈사람의 말을 한다
하얀 입술 하얀
몸, 어디에 내린 눈이 몸이 되고 어디에 내린 눈이 머리가 되는지 알 수 없는
눈사람의,

어디에 치는 파도가 몸이었고 어디에 치는 파도가 머리였는지 알 수 없는 바다에서

수평선은 고래를 키운다 아름답게 떨어지는 저녁 분수로 하늘 한 쪽을 들어올린다

부서진 것들의 마음으로서 파도와 눈보라

사라진 것들의 얼굴로서 물거품과 눈송이,

마음은 곧 각자의 길을 결정할 것이다 어느 문을 열고 나갈 것인지
눈과 입
뺨이나 손 혹은 언제나 밀물인,
몸

으로부터 눈사람의 익사체를 흘려보낼 것이다, 바다가 눈사람의 공동묘지라는 사실을 알고 있어서
　바다에서 올라온 종족, 우리가 눈사람의 후손이라는 것을 알고 있어서

　석양이라는 눈사람들의 유적지,

　해를 보고 있다 빨간 다라이 속에 뒤엉켜 있는
　물고기 떼처럼,

　우리는 철없이 죽음을 당겨쓰기 위해 사랑하는 사람이 되었습니다, 어제에 남아 있는 내가 느껴집니다

　아직 사랑이 끝나지 않은 날들의 사랑이

사랑이 끝난 오늘도 만져집니다
— 신용목, 「겨울의 미래」 전문 (『미네르바』 2021년 봄호)

여름 바다의 밀려오는 밀물, 하얀 파도는 지난 겨울 바다에 떨어져 부서지고 사라진 눈사람들을 데려와 우리의 지난 사랑을 불러온다. 죽음을 향해 "빨간 다라이" 속에 붙잡혀 있는 물고기 떼처럼, 사랑을 위해 사랑 속에 갇혔던 우리들의 지난날들을 다시 살려낸다. 철없이 죽음을 당겨쓰는 사랑이라고는 하였으나 죽음을 불사하는 사랑이야 말로 진짜 사랑이 아니던가. 여름 바다의 석양이라는 눈사람들의 유적지는 결국 우리들의 유적지. 우리는 사랑을 위해 죽음을 당겨쓴 셈이 되었지만 우리의 사랑은 끝나지 않는다.

부서지고 사라지고 등지고 떠나간 우리의 사랑이 그것으로 끝장난다면, 바다든 눈사람이든 더 이상 아무런 의미가 없을 것이다. 사랑이 끝난 자리에 바다와 눈사람의 존재가 무슨 상관이란 말인가. 당연히 수평선은 고래를 키우지도 않을 것이다. 고래가 뿜어 올리는 아름다운 사랑 노래, 석양의 분수도 만들어지지 않을 것이다. 그러나 우리에게는 어제의 사랑이 여전히 남아 있고, 아직 끝나지 않은 미래의 사랑은 오늘도 두근거리는 심장처럼 만져지고 있다.

그런데 우리의 사랑은 진짜일까. 언젠가는 눈사람처럼 녹아 사라질지도 모르는 우리의 사랑은 진짜일까. 키스하는 순간 산산조각이 날 것 같은, 사랑으로 두근거리며 만져지는 '심장' 같은 것들이 정말 진짜일까. 가짜를 만지작거리며 진짜를 상상하고 있는 것은 아닐까. 진짜를 가장한, 진짜인 척하는 우리의 마음이 진짜를 흉내 내는 것은 아닐까. 가짜인데도 진짜라 우기며 거기서 불안을 지우고 안도하려는 억지는 아닐까. 사랑을 위하여 죽음을 불사하겠다는 우리의 결정들은 어쩌면 수단과 목적이 전도된 것은 아닐까. 사실은 죽음을 위해 사랑을 불사하겠다는 의미는 아닐까. 진짜는 무엇이고 가짜는 무엇인가.

    가짜 나무 한 그루가 카페 한가운데 서 있다
    가짜 사과를 달고 있다
    사과나무 잎은 이렇게 생겼구나,
    가짜를 만지작거리며 진짜를 생각한다
    이 사과는 왠지 가짜 같애
    진짜 같은 나무에서 가짜를 기억한다
    가짜를 보면 진짜는 더욱 모호하다

    가짜는 진짜를 닮으려 얼마나 애절했을까
    진짜는 가짜를 놓으려 얼마나 무심했을까

    가짜 햇살에 가짜 바람
    가짜 흙에 가짜 물방울

    기막히게 진짜 같은 사과나무 한 그루 아래서
    뉴턴을 생각하며 만유인력을 생각하며

진짜 플라스틱으로 만든 잎과

진짜 나무로 만든 가지와

진짜 스티로폼으로 만든 흙을 보면서

진짜 이름과 가짜 나무를 기적처럼 묶고 있는

검은 철사 너머로

가짜와 진짜가 범벅된 사람의 손이 설핏 보인다

죽음이라는 철사에도 묶이지 않는 가짜 사과가

진짜 과일처럼 툭 떨어진다

— 천수호, 「검은 철사 너머」 전문
(천수호, 『수건은 젖고 댄서는 마른다』, 문학동네, 2020)

    천수호 시인은 카페에 놓인 인조 사과나무를 보고 있다. 플라스틱 나뭇잎과 스티로폼 흙과 실내 등(燈)과 인공의 바람으로 이루어진 사과나무를 보고 무엇이 진짜이고 무엇이 가짜인지에 대하여 의심을 한다. 이 사과나무라는 사물은 시인의 심상(心想)에 침투하여 세계의 실상과 허상에 대한 사유를 촉발시킨다.

    카페에 있는 사과나무와 사과는 가짜지만 그것을 만들어내고 있는 플라스틱이나 스티로폼은 진짜다. 이름만으로 혹은 그림으로 우리의 눈을 현혹시키고 있는 것이 아니다. 플라스틱과 스티로폼의 세계에서는 그것들로 만들어지지 않은 사물들은 모두 가짜로 보일는지도 모른다. 진짜 사과가 가짜일 수도 있다는 생각을 하게 하는 것이다. 그렇다면 진짜와 가짜를 가르는 기준을 어디에서 찾을 수 있을까.

자연이냐 인공(人工)이냐는 기준은 인간의 시각에서만 진위를 가르는 합당한 기준이 될 수 있을 것이다. 사물의 세계에서라면 이런 구분은 마땅치 않다. 그런데 이 사과나무의 나뭇가지는 자연산 나무인 것 같다. 진짜와 가짜가 묶여 하나의 나무를 만들어내고 있는 셈이다. 이 나무는 죽어있으나 죽음이라는 철사에 묶이지 않는다. 그런 의미에서 이 나무는 살아있다. 진위가 아니라 생사가 문제인가.

가짜와 진짜가 합세해서 만들어낸 사과나무는 살아있다. 그런데 진짜와 가짜를 묶어주고 있는 검은 철사 너머에 사람의 손이 있다. 이 사람의 손이 정성어린 사랑을 담아 카페에 있는 사과나무를 만들었을 것이다. 늘 삶과 죽음은 유한한 인간에게는 절대적으로 다가오는 문제다. 그런데 거기에 사랑이 개입되지 않는다면 그 문제는 결론도 나지 않는 공허한 논쟁거리에 불과할 것이다. '나'나 '당신'의 존재 자체에 대한 사랑이 도외시되는 삶과 죽음의 문제라면 어쩌면 그건 문제로서의 가치가 없을지도 모른다. 그렇다면 생사가 문제가 아니라 사랑의 유무가 문제인 것이 아닌가.

사람이야말로 가짜와 진짜가 함께 묶여져 이루어진 존재다. 「검은 철사 너머」에서 보았듯이 물리적, 물질적, 사물적인 것이야 말할 것도 없고 심정적으로도 사람에게는 진짜와 가짜가 뒤섞여 있다. 문제는 사랑이다. 우리는 이 사랑이 진짜냐 아니면 가짜냐에 따라 삶과 죽음까지도 결정하게 된다. 그런데 두 손으로 받쳐 든 우리의 사랑, 죽음을 불사한다는 우리의 사랑은 진짜일까.

　휘민 시인이 어떤 사랑이 진짜인지 가짜인지 구분하는 방법을 우리에게 보여주고 있다. 그것은 사랑하는 이의 자세를 통해서다. 진짜와 가짜가 범벅이 된 사랑이라면 진짜 사랑이 가짜 사랑을 밀어낼 것이고 가짜 사랑은 진짜를 닮으려 애절할 것이다. 휘민은 「살아 있는 동안」에서 사랑하는 '당신'을 떠나보내는 방식을 통해 진짜 사랑이 어떤 것인지를 말해준다. 시인은 사랑의 마음을 사물화하여 '심장'으로 명명한다. 우리는 이 '심장'을 통해 진짜 사랑이 무엇인지 어렴풋이 알게 된다.

　　당신은 명치끝에서
　　시작되어 동공 속에서 끝나는 노래였지

　　한없이 들이쉬기만 하는 호흡
　　끝내 내뱉지 못해 쇄골절흔에서
　　들썩이고만 있던 입술의 리듬이었지

　　언젠가 당신의 어깨에 팬 마른 우물에
　　별빛이 고이기를 기다린 적이 있었지
　　가보지 못한 먼 시간을 응시하면서

　　그날 나의 마음은
　　거미줄이 완성되는 순간 급하게 몸을 숨기는
　　허공에 매달린 다리 많은 동물의 심장이었지

내가 바닥에 누워 당신을 생각할 때만
오랜 잠의 주술에서 풀려나
생시처럼 나를 만나러 오는 당신

골목 없는 들판에서도 나를 헤매게 하는
세피아 빛 발자국 소리

당신은 알고 있을까
당신이 나를 등지고 떠나갈 때
차마 당신의 심장만은 보낼 수 없어
흙 묻은 심장을 직박구리와 참새들 몰래
내 등골에 묻어둔 것을

내가 당신을 그리워하는 것이 아니지
나를 그리워하는 당신 심장의 두근거림으로
오늘도 내가 살아 있으니
　　　　― 휘민, 「살아 있는 동안」 (웹진 『시인광장』 2021년 3월)

　이 시에서 사랑하는 '당신'은 노래요 리듬이지만 입 밖으로는 불리지 못한다. 아직 '당신'의 어깨에 팬 마른 우물에 별빛이라는 사랑이 고이지 않았기 때문이다. 노래는 명치끝에서 시작되어 동공 속에서만 끝나버린다. 사랑은 이렇게 오는 것인가, 이렇게 명치끝의 아픔과 동공의 통증을 수반하는 것인가. 사랑은 내쉬지는 못하고 들이쉬기만 하여 쇄골절흔을 들썩이게만 하는 뻐근함인 것인가. 김중일 시인이 「백자」에서 말했듯이, "네 입술의 주름들, 키스하는 순간 산산이 깨질 것 같"아서, 이 시의 '나'도 '당신'을 부르지 못하고 있는 것인가.

 '나'의 사랑이 '당신'에게 고이기를 기다리는 마음의 간절한 정도는 '나'의 마음을 거미의 심장으로 바꾸어 놓는다. '나'의 사랑이 허공에 매달리게 되었다. 그런데 그나마 꿈속에서나 보이고 뭇 발자국 소리로 나를 헤매게 하던 '당신'은 떠나고야 만다. 이때 '당신'을 떠나보내지 않으려는 '나'의 자세는 완강하다. 그렇지만 불가항력적으로 어쩔 수 없이 '당신'이 떠나야 한다면 어떻게, 어떤 방식으로 그런 사랑을 떠나보내야 하는 것인가.

 마침내 '나'는 '당신'의 심장을 자신의 등골에 묻어두기로 한다. '나'가 그렇게 하지 않으면 '당신'에 대한 그리움으로 어제도 오늘도 내일도 '나'는 살아가지 못할 것임을 알고 있기 때문이다. '나'의 그리움이 등골에 묻어둔 '당신'의 심장으로 건너갔으니 '나'의 그리움이 곧 '당신'의 그리움이 되었다. 이 묻어둔 '당신'의 심장으로 '나'와 '당신'은 하나가 되었다. 그리하여 '당신' 심장의 두근거림으로 '나'가 살아갈 수 있게 되었다. 떠나는 '당신'의 심장을 '나'의 등골에 묻어둠으로써 '나'가 살아갈 수 있게 되었다니! 이 사랑은 결코 가짜일 수 없을 것이다. '이 사랑은 끝났으나 오늘도 그리고 내일도 만져지는 살아있는 사랑'으로 남을 것이다.

 네 편의 시를 통해 시인들과 사물이 서로 주고받는 대화들을 조금 엿들었다. 한없이 뻗어가는 즐거운 상상 속에서 실존의 실상을 볼 수 있었고, 존재에 대한 기원이나 유래의 의미도 사랑

속에서 짚어볼 수 있었다. 진위의 문제가 생사의 문제로 건너가는 통찰의 과정은 깊었고, 비가시적인 사랑의 심정이 가시적 실체로서의 심장으로 사물화되는 장면도 가슴 저리게 목격했다. 그런데 결국에는 역시, 사랑인가.

주체적 존재로서의 사물들(3)
— 송종규의 「히야신스」, 김영찬의 「내가 뺏은 고양이의 고향」,
최금진의 「커피의 신」

4. 주체적 존재로서의 사물들(3)
— 송종규의 「히야신스」, 김영찬의 「내가 뺏은 고양이의 고향」, 최금진의 「커피의 신」

　다른 장르의 예술도 마찬가지겠지만, 상상의 세계를 내포하지 않은 문학은 우수한 예술로 평가받지 못한다. 상상은 현상 너머를 비추어주고 우리는 그 '너머'에서 새롭고 경이로운 세계를 만나 '여기'의 현상을 되짚어보게 된다. 이 글에서는 시인에게 주체적으로 다가온 사물이 어떻게 시인의 상상 세계를 구성하는지 알아볼 것이다.
　시인이 파악한 세계에 대한 실상이나 관점은 사물(사물의 범주를 어디까지로 정할 것이냐는 문제는 해결될 수 없는 난제다. 여기서는 사물을 '사람을 제외한 가시적인 객체'라고만 하자)과 시인의 대화를 통해 독자에게 전달되는 경우가 많다. 좀 더 근원적인 의미에서는 사실, 시인은 사물 자체를 통해 직접적으로 세계를 파악하기도 한다. 이때 사물과의 대화나 사물을 통한 세계 파악은 시인의 상상력을 매개로 하여 우리에게 전달된다.

시적 상상의 세계는 하나의 사물을 기점으로 시작된다. 우리는 한 편의 시에서 이 기점이 되는 사물이 다양한 방식으로 변이되거나 전이되는 과정을 거치거나 혹은 직접적인 경로를 통해 전혀 예상치 못한 다른 사물이나 혹은 관념이라는 목표물에 도달하는 경우를 흔히 볼 수 있다. 이 목표물에 이르는 방식은 다양하겠지만 어떤 방식을 따른다 할지라도 결국 이 목표물이 상상의 결과인 것이다. 예를 들자면, 기점으로서의 하나의 '꽃'이 모든 존재가 지닌 서사성이라는 숭고함에 도달하기도 하고, 한 마리의 '고양이'가 시적 주체의 고향이라는 정념에 이르기도 하며, '커피' 한 잔이 우리를 낯설고 놀라운 세계로 이끌어가기도 하는 것이다.

송종규 시인이 히야신스라는 꽃을 통해 우리에게 들려주는 이야기를 들어보자. 그는 히야신스를 보고 '서사'를 생각한다. '히야신스라'는 이름은 그리스 신화 히야킨토스 이야기에서 유래된다. 히야킨토스는 아폴론이 사랑한 미소년이며, 이를 질투한 서풍의 신 제피로스에 의해 이 소년이 원반에 맞아 죽었으며, 그가 흘린 피에서 피어난 꽃이 히야신스라는 이야기다. 송종규 시인은 히야신스라는 꽃을 보고 사물과 인간의 서사에 대하여 추리적 방식을 통해 현상을 통찰하는 상상의 세계를 엄숙하게 보여준다.

그러므로 모든 서사는 안락하다

그럼에도 불구하고 어떤 서사도 안전하지 않다

모든 부류의 사물은 결국 서사로 이루어져 있지만

사람의 생애 역시 서사 아닌 것이 없다

그것은 실타래처럼 얽혀있거나 뜨거운 웅덩이처럼

함몰되어 있기도 하다

만약 당신이 히야신스나 한 사람의 생애에 대해

기술하길 원한다면

꽃이나 사람의 생애는 곧, 왜곡되거나 과장되어 진다

당신의 문장은 날렵하거나 기발하기도 하지만

당신이 만약 시인이라면

어떤 대상에 대해서 함부로 발설하려하지 말 것,

그 남자의 구부정한 등이 한권의 서사인 것처럼

훌쩍거리며 국물 마시는 당신도 결국 한 권의 서사이다

젖은 길바닥에 버려진 우산이나 페트병도 알고 보면

글씨들 빼곡한 한 권의 책

히야신스는 눈물처럼 맑은 문장이다

구름이 느리게 한 생애의 머리 위로 지나간다

― 송종규,「히야신스」, 계간『애지』, 2021, 봄호.

  히야신스의 경우처럼 사람은 물론 사물의 경우에도 "실타래처럼 얽혀있거나 뜨거운 웅덩이처럼 함몰되어 있"는 서사를 지니고 있다. 히야신스가 유래된 아름답고도 슬픈 이야기의 경우에는 세계를 구성하는 신과 인간과 사물이 모두 출현하여 하나의 서사를 만들어내고 있다는 점에서 웅장하기까지 하다. 신화가 인간 상상의 산물일 수 있는 것은 유한한 존재로서 무한을 상정할 수 있는 인간의 불가해한 능력 때문이겠지만, 이 불가해한 능력의 근원에 대하여 신의 존재를 배제할 수도 없다는 관점에서 본다면, 그리고 무엇보다도, 물질이라는 사물 없이는 신도 인간도 존재할 수 없다는 사실을 인정한다면, 이 신화에 등장하는 신과 인간과 사물 사이에는 위계도 없고 선후도 없다.

'히야신스'의 신화 서사를 근거로 「히야신스」의 시적 주체는 '구부정한 등'이 한 권의 서사인 것처럼 '국물'이나 그것을 마시는 '당신'도 한 권의 서사임을 추리적 상상력을 통해 우리에게 보여준다. 그런 의미에서 우리는 '어떤 연유로 인해' 젖은 길바닥에 버려져야만 하는 우산이나 페트병이 지닌 서사를 하찮다고 무시할 수 없다. 필시 그런 사물들도 "실타래처럼 얽혀있거나 뜨거운 웅덩이처럼 함몰되어 있"는 서사를 지니고 있을 것이기 때문이다. 그러므로 시인이라고 해서 그 사물들에 대하여 함부로 발설해서는 안 된다. 「히야신스」라는 시를 통해 송종규 시인이 보여준 시적 상상은 모든 존재하는 것들의 존엄한 서사를 우리의 가슴에 새기게 한다.

사물로 시작되는 또 다른 상상의 세계를 보자. 김영찬 시인은 「내가 뺏은 고양이의 고향」에서 길고양이를 통해 우리가 빼앗긴 것들-고향-을 연상해나간다. 이 과정은 '길고양이'를 기점으로 '동네 노인'을 거쳐 '시인 자신'으로 돌아오는 경로를 거친다. 그러니까 이 시는 고양이를 통해 세 개의 장면이 겹쳐져 있는 셈이다. 하나는 실제의 고양이이며 다른 하나는 이 고양이로부터 연상된 동네 노인이고 그리고 마지막 하나는 시인 자신이다.

마을엔 굴참나무가 없다
마을엔 가을이 없다
마을엔 내가 없다

마음 떠난
동네

마을엔, 마을이 없다

시인을 자처하는 동네 노인이 늙은 그늘만 남은
굴참나무 아래 졸고 있다

어르신네에게 시가 될 만한 무엇이 좀
남아있습니까

안킬로사우루스의 꼬리 악력

첫사랑을 꽃으로 압착한 화석을 도굴꾼들이 파헤쳤다

훼절된 발걸음
자각몽 중에 실수로 헛발질 한 그림자가 뭉개진다

봄이 떠나고 휑한 겨울만 남은 빈집에 눌러앉아
길고양이가 길들여 놓은
굴참나무 밑동
응달을 통째로 차지한 고양이가 나를
노려본다

여기는 요람기의 내 영역, 끈질기게 빼앗거나 되찾는
투기지역이 아니다
― 김영찬, 「내가 뺏은 고양이의 고향」, 계간 『포엠포엠』, 2021,
봄호.

  우리가 살고 있는 이 시대에 굴참나무가 없어진 마을은 한둘이 아니다. 마을 대신에 아파트촌이 들어서고 빌딩숲이 세워지고 8차선 도로가 건설되기도 한다. 특히 요즘 같은 시기에는 그렇게 해서 마을이 없어지고 단순히 도시만 들어서는 것이 아니라 투기 세력이 극성을 부리기도 한다. 아무리 우리가 '노려보아도' 그 세력은 막무가내다.
  마을을 빼앗긴 우리에게 굴참나무가 있을 리 없고 굴참나무 이파리 곱게 물드는 가을 같은 것도 기대할 수 없다. 그러니 마음이 떠나는 것도 당연한 일이다. 삭막해진 마을은 요람 같은 동화적 세계와는 거리가 멀고 순수한 첫사랑 같은 것도 화석화된 지 오래다.
  이 시의 시적 주체는 파헤쳐진 마을 한 구석에 남아 있는 굴참나무를 발견한 듯하다. 그 굴참나무 아래 응달을 차지하고 있는 길고양이를 발견한 듯하다. 여기에서부터 시인의 시적 상상이 시작된다. 시적 주체가 길고양이를 통해 연상한 '굴참나무 아래 졸고 있는 어르신네'는 그 자체로 한 편의 고즈넉한 시 같기도 하다. 어린 시절과 젊은 날의 사랑은 이미 화석이 되어버렸고 그나마 모두 파헤쳐졌다. 훼절되지 않을 수 없는 발걸음. 노인의 자각몽 헛발질로 그림자가 분풀이처럼 뭉개지고 있다. 겨울만 남아 머잖아 사라질 삭막한 빈집에는 길고양이가 눌러앉아 살고 있다. 역시 머잖아 사라질 굴참나무 밑동을 길들여놓은 길고양이가 그나마 빼앗길까 봐 시적 주체를 노려보고 있는 풍경이 서글프다.

우리는 「내가 뺏은 고양이의 고향」을 통해 우리에게 진정으로 소중한 것이 무엇인가를 생각하게 한다. 발전과 편리라는 미명하에 협잡과 투기와 허위가 뿌리째 뽑아가고 있는 우리들의 순수와 사랑과 그리고 시. 어떻게 이들을 되돌려 받을 수 있을 것인가.

「히야신스」에서는 시인의 상상 세계가 추리를 매개로 이루어진 경우였다면, 「내가 뺏은 고양이의 고향」은 연상적 방법을 따라 구성된 상상의 세계였다. 추리적 상상이 어떤 현상을 보고 추측하여 본래의 목표에 이르는 방법을 따른다면 연상은 파생의 방식을 따른다. 이렇게 연상과 추리는 사유를 수단으로 성립하는 간접적인 이성적 상상 과정이다. 그러나 이런 간접성을 거치지 않고 직접적으로 본래의 목표에 도달하는 방법이 있다. 바로 직관(直觀, Intuition)적 상상이다.

직관은 시적인 상상 세계의 기점이 되는 대상에서 다른 여러 대상으로의 변형이나 전이와 같은 사유 과정을 거치기 않고 곧바로 본래의 목표에 이르게 되는 방법이라고 볼 수 있다. 그러므로 직관을 통해 얻어진 목표라는 대상은 그 자체가 근원적이고 독자적일 수 있다.

최금진 시인은 「커피의 신」에서 간접적인 경로를 거치지 않고 곧바로 본래적 대상에 이르는 직관적 상상력을 보여주고 있다. 그가 이 시에서 '맛'이나 '향'이나 '형태'를 통해 도달한 직관적 형상과 그 형상이 빚어내는 이야기들은 경이롭고 흥미롭다. 그는 처음에 연상을 통해 '커피의 신'의 모습을 독자들에게 소개시켜준다. 커피의 신은 유리잔처럼 생겼고 그 목은 빨대 같거나 버섯 자루 같기도 하다고 한다. 이런 '커피의 신의 형상'은 테이블에 놓여 있는 한 잔의 '커피'를 생각하면 충분히 연상될 수 있다. 그러나 이후 그의 직관적 상상은 연상이나 추리의 과정 없이, 그래서 당황스러울 정도로 마구잡이로 돌진한다.

커피를 제대로 음미할 줄 아는 사람이라면 거기에서 30여 가지의 맛을 느낄 수 있다고 한다. 이 시의 시적 주체에게 커피는 갑작스레 우박을 맞은 듯한 충격을 주기도 하고 박하사탕처럼 청량하고 달달한 맛을 선사하기도 하며, 그 향기로 외로움도 느끼게 하고, 슬픔과 함께 위로도 가져다주는 액체로 등장한다.

커피의 신은 유리잔처럼 생겼다
한 손엔 우박, 한 손엔 박하사탕을 쥐고 있다

그의 목은 가늘고 긴 빨대 같기도 하고 버섯 자루 같기도 하다
그는 어제 별들이 잔뜩 엎질러진 숲에서 왔다
그 숲에선 표범과 꽃들이 커피콩을 갈고 있다
외로운 것은 향기롭다, 향기로운 것은 더 외롭다, 까마귀들이
부리로 공중에 글씨를 쓴다
커피의 신은 커다란 귀를 열고 음악을 들으며
터키와 쿠바를 생각한다
그의 얼굴엔 삼각형 모양 눈송이가 떠 다닌다
방향을 잃은 우주 셔틀 같은 불시착이 반복된다
그에겐 온몸이 희고 검은 털로 덮인 개가 있고
개는 세상에서 가장 시커먼 액체다
개의 혀는 개의 몸의 안쪽을 애무한다
가시라곤 하나도 돋지 않는 들판에 그는 서 있다
밤이 깊어가면 별들이 뜨고
그가 증류하고 남은 어떤 오두막엔
점박이 애벌레처럼 생긴 사람들이 꿈틀꿈틀 그의 신전에 모여
커피나무를 숭배한다
약간의 쓴맛은 약간의 슬픔과 약간의 위로
얼굴이 까맣게 탄 아이들이 목을 길게 늘여 하늘에 올라
탄화된 볍씨를 추수한다
커피의 신은 흰 유리잔처럼 생겼고
그의 눈알엔 가느다란 실뿌리가 내린 어스름이 자란다
달도 없이 캄캄한 밤 그는 혼자 세상에 왔다

— 최금진, 「커피의 신」, 계간 『문학과 사람』, 2021, 봄호.

시인이 마주한 커피의 신은 어제 달도 없이 캄캄한 밤에 왔다고 한다. 그 신은 별들이 엎질러진 숲에서 왔단다. 그리고 그 숲에선 표범과 꽃들이 커피콩을 갈고 있다고 한다. 우리는 커피의 신이 왜 커다란 귀를 열고 음악을 들으며 터키와 쿠바를 생각하는지 알 수 없다. 그의 얼굴엔 삼각형 모양의 눈송이가 떠다닌다고 하고 그에겐 온몸이 희고 검은 털로 덮인 개가 있는데, 그 개는 세상에서 가장 시커먼 액체라고도 한다. 우리의 보편적이고 일반적인 정서로는, 이성과 논리로는 파악할 수 없는 '커피의 신'이다.

이런 가정을 해볼 수는 있다. 시인이 혼자서 음악을 들으며 한 잔의 커피를 마시는 시간적 배경이 개가 짖는 겨울밤이었고, 커피의 색체가 검은 색에 가까우니, 또 커피의 크레마는 커피 본래의 색체와는 달리 흰빛을 띤 거품층이니, '개'를 그렇게 상상할 수도 있을 것이다. 그러나 이런 해명은 잡설에 불과하다. 이렇게 파악될 수 있는 '커피의 신'이 아닌 것이다. 우리는 논리로 그 '신'에게 다가갈 수 없다.(본래 '신'이란 논리로 파악되지 않는 존재이지 않는가)

그런데도 이 시는 나를 즐겁게 하고 정신적으로 들뜨게 한다. 나는 이 시를 보편성이 아닌 특수성으로, 일반성이 아닌 개별성으로 읽고 싶다. 시인의 이 직관적 상상에 동참하여 그저 즐기고 싶다. 점박이 애벌레처럼 생긴 사람들이 신전에 모여 커피나무를 숭배하는 모습을 떠올려보면, 얼굴이 까만 아이들이 탄화된 볍씨를 추수하는 장면을 떠올려 보면, 재미있다. 시인의 상상 속에 참여하여 그 난만한 세계에 눈을 들여놓고 함께 즐기는 것으로 충분한 것 같다.

그런데 그것으로 정말 충분할까. 시인의 입장에서는 그것만으로는 충분하지 않은 것 같기도 하다. 그는 커피의 향에 외로움을 슬며시 끼워 넣고 커피의 쓴맛에 살며시 슬픔을 섞는다. 이런 감정은 '커피의 신'을 혼자서 대하고 있는 사람의 본능적인 외로움일까. '어차피 혼자'라는 것에 대한 '인간'의 근원적인 슬픔일까. 이 또한 나의 개별적인 감성으로 접근하고 싶은 대목이다.

시인에게 다가온 사물을 통해, 시인이 구성하는 놀라운 시적 상상의 세계를 세 편의 시를 통해 읽어보았다. 주체적 사물과 주체적 시인이 만나 창조해내는 상상의 세계는 우리를 엄숙하게도 하고 서럽게도 하고 경이롭게도 한다. 그런데 나는 이런 시를 읽으면 무엇보다도, 막힘없이 사물과 대화를 나누는 시인들이 부럽다.

주체적 존재로서의 사물들(4)
— 이신율리의 「비 오는 날의 스페인」, 백가경의 「하이퍼큐브에 관한 기록」

5. 주체적 존재로서의 사물들(4)
— 이신율리의 「비 오는 날의 스페인」, 백가경의 「하이퍼큐브에 관한 기록」

(이 글에서는 2022년 신춘문예 당선시들 중 사물과 대화를 나누는 방식이 확연히 다른 두 편을 선정하여, 두 시편에 나타난 상상력의 성향을 살펴보고자 한다. 시인의 상상력은 실제의 현상에 기인하지 않을 수 없다. 시인들이 나누는 사물과의 대화들에서 우리는 각 시인들의 상상의 발원에 대한 하나의 실마리를 찾을 수 있을 것이다. 신예 시인들의 새로운 목소리가 전하는 사물의 소리를 들어보자)

1. 이성적-논리적 상상력의 세계

우리의 존재는 3차원에 속해있지만 우리의 생활은 다차원적이다. 21세기 IT, AI 산업의 혁명이 우리의 생활에 전반적으로 침투하여 4차원적 세계를 가속화시키고 있지만, 어쩌면 인간 존속 자체가 다차원의 세계라고 해야 할 것이다. 우리의 물리적 생활은 물론 정신적 관계까지를 포괄적으로 생각해보면 수학적 (기하학적) 차원이라는 방식만으로는 '우리'를 설명할 수 없다. 사실 이미 시적 상상력이 어느 차원에 갇힐 수 있다고 믿는 사람은 없다. 백가경 시인의「하이퍼큐브에 관한 기록」은 어느 차원에도 갇혀 있지 않은 시적 상상의 세계를 우리에게 보여준다.

　백가경 시인의 '하이퍼큐브'에 대한 상상의 세계는 정글짐에서부터 시작된다. 정글짐으로 표상된 3차원의 세계는 이 시에서 그 차원에만 국한되어 나타나지 않는다. 각 차원들의 모습이 다른 차원으로 전이나 변형되면서 선형적 혹은 평면적 도약이나 나아가 공간적 이탈이나 역행도 발생하는 것이다. 사실 3차원의 세계에서 온전한 입체 형태라는 것도 있을 수 없지 않은가. 있는 그대로 말하건내, 우리의 삶의 모습이 바로 그렇지 않은가. 시간이 선형적이라지만 의심의 여지없이 상대적이고, 공간이 입체적이라지만 일그러지고 누락된 형상이지 않은가.

　시인은 x, y, z축을 갖는 수학적-기하학적 좌표 공간을 통해 우리의 차원에 대한 논리 정연한 해명을 시도한다. 어린이 놀이터에 있는 정글짐은 육면체라는 3차원적 입방체들의 결합이다. 정글짐에 오르면 우리는 2차원적 전후좌우로의 움직임은 물론 그 위 또는 아래에서 일상의 3차원적 좌표 공간에 머물 수 있다. 그런데 시인은 이 3차원의 세계에서 우리를 탈출시키려는 놀라운 상상력을 보여준다. 이 상상의 세계에서 우리는 우리

각자를 하나의 고정된 '점'이라는 0차원에 고정시키지 못한다. '너'라는 1차원이 있고, '우리'라는 2차원이 있다면, '그들'이라는 3차원은 물론 '미지의 인간'이라는 초-차원, 하이퍼큐브(초입방체)의 세계가 있다.

1920년 변호사 세바스챤 힐튼은 어린이들에게 3차원 공간에 대한 기초적 이해를 돕고자 정글짐을 발명했다

*

x가 머리 위에 달린 축을 오른손으로 잡고 있다 높이를 미처 재지 못한 x의 발이 바닥에 거의 닿을락 말락 누군가 실컷 타다 뛰어내린 그네처럼 어안이 벙벙하다 x의 팔과 다리가 점점 빠르게 버둥거린다 x는 하나의 커다랗고 검은 점이 되는가 싶더니 그 어떤 축으로부터 멀어지지 않고 x값이 무한 증폭된다

y님 행복을 주는 치과 생일 축하드립니다. 임플란트 10% 할인 1
어떻게, 잘 지내? 1
은평구도서관 '세상의 끝' 연체 49일 빠른 반납 요망 1
소액 대출 최저 이율로 신용등급 모두 가능

y는 몸을 정육면체 안으로 구겨 넣는다 점점 y값을 잴 수 없고 그럴수록 y는 생각한다
이 모든 되풀이는 나의 결과 값 "(경제적) 자유"를 위한 것

z의 미래 값: 직사각형 화장실 천장에 도시가스 공급관이 노출돼 있음 장판과 텐트 사이 혈액이 말라붙어 표백제와 기타 용액을 계산

한 것보다 한 통 더 사용함 청구 예정

　z의 현재 값: 중위소득 85% 이하 가정에서 자란 3학년 C반

　*

　발가락 하나로 자신의 목숨을 지탱한 x는 같은 위치 옥상에 사는 주민이자 애인 z를 찾아 창백한 타일로부터 그를 무한 증식시킨다 열화 과정에서 z는 기체로 변할 수 있게 되고 y가 연체한 '세상의 끝'을 대신 반납한 후 49일을 1초 만에 앞당겨 '세상의 끝 역자 후기'를 대출한다 y가 연탄과 소주를 담아 온 마트 봉지를 쓰레기통에 넣을 때 자연스럽게 제목을 볼 수 있도록 책을 비스듬히 세워놓는 것을 잊지 않는다

　*

　범우주아카이빙센터 12호 연구소장은 x, y, z 세 어린이를 한 차원에 모아 두고 질문을 시작한다

　말을 끊어서 미안하지만 여러분 어떻게 연결되었으며 이런 건 어떻게 알게 되었나요?

　세 어린이 동시에 말한다. 무슨 말씀이신지 모르겠군요.

　연구소장은 웃음을 잃지 않는다 어린이들 모르게 언어 변환 버튼을 누른 후 짧게 욕을 한다

　그렇다면 당신들의 능력은 어떤 문헌에서 찾은 것인가요?

　어린이 일동, 문헌에서 찾지 않았습니다. 우리의 차원에서 일어나

는 일입니다.

* Hypercube 4차원에서 모든 변의 길이가 같은 도형, 10개 이상의 처리기를 병렬로 동작시키는 컴퓨터의 논리 구조

― 백가경, 「하이퍼큐브에 관한 기록」,
2022년 경향신문 신춘문예 당선작

우리의 생활은 x처럼 "어안이 벙벙"할 때가 한두 번이 아니다. 발이 바닥에 닿을락 말락하는 난감한 상황, 버둥거릴 수밖에 없는 불가해한 경우는 우리의 삶에서 수시로 발생한다. 하나의 검은 점이 되어 차라리 고립되고 싶을 때가 있는 것이다. 이때의 심정은 절망적이지 않을 수 없다.

우리의 생활은 y와도 같다. 진심이 느껴지지 않는 문자들이 핸드폰에 부지기수로 날아든다. 그런데 여기에 있는 네 개의 문자들에서 시인이 주목하고 있는 내용이 심상치 않다. 아직 문자를 열어보지 않은 "생일"과 "'세상의 끝'"이 "잘 지내"느냐는 물음을 사이에 두고 직선으로 연결되어 있다. "소액 대출"만 열린 것을 보면 죽고 사는 문제보다도 경제적 문제가 더 시급한 것 같다. 그런데 정말 '세상의 끝'이라니. 이런 절망이 또 있는가. 결국 y는 고립되어 자신의 존재 가치를 헤아릴 수 없게 된다. 과연 y는 '경제적 자유'를 얻을 수 있을 것인가.

그런데 z의 현재 값은 그렇다 쳐도 그의 미래 값에 더 이상의 절망이 있을 수 없다. 화장실 천장의 노출된 도시가스 공급관과 말라붙은 혈액 등이 우리를 불안하게 한다. 다음 연에서는 우리

를 더욱 더 긴장시킨다. z는 열화과정에서 기체로 사라지고, x 는 '세상의 끝 역자 후기'를 대출하고, Y는 연탄과 소주를 사온 다. 이게 도대체 무슨 말들인가. 화장(火葬)이 떠오르고, 유서 가 암시되며, 자발적 죽음이 연상되는 것은 감상의 과잉일까, 아니면 정말 절망을 넘어 파국이란 말인가.

그런데 여기까지 진행된 세 어린이의 모습은 사실 '어린이'의 모습이 아니다. z의 현재 값이 "3학년 C반"으로는 언급되어 있 으나, '세상의 끝'이라는 서명이나, '소액 대출'이라거나, '(경 제적) 자유' 같은 표현들은 어린이의 언어들이 아니다. 다음 연 에서는 더더욱 그렇다. x는 '주민이자 애인'인 z를 찾아가고 y 가 연체한 책을 반납한 후 '세상의 끝 역자 후기'를 대출한다. 게다가 y는 '연탄과 소수'를 담아 온 마트 봉지를 쓰레기통에 넣는다. 모두 성인들의 모습인 것이다. 이는 단순한 시간의 역 전이나 혼란이 아니다. 선형적 2차원으로서의 시간성이 다차원 화된 것으로 보아야 한다.

세 어린이의 과거의 모습은 현재의 모습이며 어제의 탄생이 곧 오늘의 죽음이 된다. 시인의 시각으로는 '(경제적) 자유'를 얻기 위해 이 모든 상황들이 시간적 순서 없이 '동시에' "되풀 이"되고 있는 것이다. 하나의 검은 점이 되었던 x의 0차원, 탄 생에서부터 죽음까지 일직선으로 보여준 y의 2차원, 3학년 C반 인 z의 3차원, 또 우리가 체험할 수 없는 곳으로 사라지거나 무 한 증폭되는 x, y, z의 4차원이 공존하고 있는 셈이다. 그래서 '범우주아카이빙센터 12호 연구소장'은 x, y, z 세 어린이를 '한 차원'에 모아 두고, 이 모든 일들이 어떻게 일어나냐는 질문을 시작한다. 어린이들의 대답은 의심의 여지가 없다. 그게 '우리의 차원에서 일어나는 일'이라고. 지극히 논리적이고 이성적이지 않은가.

이 시에서 시인은 x이거나, y이거나, z일 수 있다. 아니면 그 모두 일 수도 있다. 더 나아간다면 어쩌면 시인은 '범우주아카이빙센터 12호 연구소장' 같기도 하다. 그렇다면 당연히 우리도 x, y, z일 수 있고 범우주아카이빙센터 12호 연구소장이 될 수 있다. 다차원의 세계를 종이나 횡으로 가르고 그 세계를 또 지켜보는 자인 것이다. 그렇다면 우리는 이미 3차원의 세계를 탈출한 것이 아닌가.

이 시에서 백가경 시인은 수학적 차원 이론을 일상의 차원 이론으로 "무한 증폭"시켰다. 이성적 논리의 상상력이 감성이 대세를 이루는 시적 상상력의 세계에 의미심장한 파문을 일으킨다. 시는 시대상황, 시대정신을 반영하지 않을 수 없고, 어쩌면 그래야만 할 당위성도 있다. 지금은 낯설지만 머지않아 도래하게 될 AI 시대의 흔하게 될 감성이 한층 당겨진 것만 같다.

「하이퍼큐브에 관한 기록」은 정신적 물질적으로 궁핍한 현대를 살아가는 '절망'의 시다. 우리는 이 시에서 도처에 도사리고 있는 '죽음'을 불안과 초조함을 갖고 목격했다. 이 '죽음'을 우리는 어찌해야 한단 말인가.

2. 감성적- 체험적 상상력의 세계

　인류의 미래, 나의 미래는 안전한가. 여전히 코로나 19는 강력하다. 그것은 어쩌면 인류에게 일회적 재앙이 아닐 것 같기도 하다. 바이러스의 새로운 변이의 출현은 물론 코로나보다 더 강력한 바이러스의 출현에 대한 예견들은 우리의 미래를 암담하게 한다. 그나마 전 세계적으로 팬데믹이 완만하게 잦아들고 있어 다행이지만, 최근의 '원숭이두창'이란 또 뭔가. 게다가 러시아의 우크라이나 침공으로 전 인류가 극심한 고통에 시달리고 있다. 원자재 가격의 상승으로 인한 전 세계 경제계의 불안정은 물론 곡물 수급 단절로 인해 벌써부터 몇몇 나라에는 기아의 먹구름이 몰려오고 있는 실정이다.
　코로나 바이러스로 인해 우리는 매일매일 죽음에 대해 듣는다. 제2차 세계대전 때보다도 훨씬 더 많은 사람들이 죽었단다. 미국에서 이탈리아에서 스페인에서 한국에서 북한에서 코로나로 인한 사망 소식이 끊임없이 보고된다. 이렇게 많은 죽음의 소식을 들었던 적이 있었던가. 차량 전복이나 화재로 인해 몇 명 혹은 몇 십 명이 사망했다는 뉴스는 뉴스도 아니게 되었다.
　팬데믹 이전이라면 그렇게 많은 죽음의 소식에 대해 우리는 경악했을 것이고 두려워했을 것이며 '내가 아니다'라는 안도의 한숨 속에서 어쩌면 가느다란 감사를 떠올렸을지도 모른다. 그러나 이제는 죽음이 죽음이 아니게 되었다. 죽음은 일상이 되었고 습관이 되었다. 늘, 날마다 사람들의 죽음이 이어지니 그 사이 사이에 비도 내리고 해가 뜨고 눈도 내리는 것인지, 아니면 비나 눈이 내리니 그 사이에 사람이 죽는 것인지도 모르는 일이 되었다.

이신율리 시인은 「비 오는 날의 스페인」에서 우리에게 '죽음은 비'가 되었다고 선언한다. 다시 말하자면 우리에게 죽음은 비=사과=수세미=미나리가 되었다는 것이다. 죽음도 하나의 사물이 된 것이다. 시인은 죽음이 사물화된 것에 대하여 혹은 죽음을 사물화시키면서 담대하면서도 재미있지만 그러나 안타까움과 우려의 심정을 넣어 우리에게 전해준다.

죽는 사람들 사이로 날마다 비가 내린다
사과는 쓸모가 많은 형식이지 죽음에도 삶에도

수세미를 뜬다 사과를 뜬다
코바늘에 걸리는 손거스러미가 환기하고 가는 날씨
를 핑계로 미나리 전이나 부칠까

미나리를 썰 때 쫑쫑 썰어대는 말이 뒤섞인들 미나리
탕탕 오징어를 치며 바다가 보인대도 좋을

다행히 비 내리는 날이 많아 그 사이로 사람이 죽기도 한다
올리브 병에서 들기름이 나오면 핑계 삼아 한판
사과나무에서 다닥다닥 열린 복숭아를 다퉈도 되고
소금 한 주먹 넣으며 등짝도 한 대

단양과 충주 사이에 스페인을 끼워 넣는다

안 될 게 뭐 있어 비도 오는데
스페인보다 멀리 우린 가끔 떨어져도 좋을 텐데

철든 애가 그리는 그림 속에선 닭 날개가 셔터를 내리고 오토바이를 탄 새가 매운 바다에서 속옷과 영양제를 건져 올렸다 첫사랑의 정기구독은 해지했다

꽃병에 심야버스를 꽂았다 팔다리가 습관적으로 생겨나는 월요일, 아플 때마다 키가 자라는 일은 선물이었다

불꽃이 튀어도 겁나지 않은 나이는 이벤트였지

단풍 들지 않는 우리를 단양이 부른다 스페인은 멀고
안전벨트를 매고 접힌 색종이처럼 사진을 찍는다

여전히 비가 내리고 누군가 멀리 떠난다

— 이신율리, 「비 오는 날의 스페인」,
2022년 세계일보 신춘문예 당선작

"죽는 사람들 사이로 날마다 비가 내린다"로 시작되는 이 시도 '죽음'에 대한 이야기다. 그럼에도 불구하고 '사람이 죽는다'는 언급은 시 전문을 통해 두 번에 그칠 뿐이다. 그나마 그 죽음들마저 비나 수세미나 사과나 들기름과 같은 일상의 사물들 '사이'에 겨우 끼어있을 정도다.

비는 내리고 그 사이 사람들이 죽었다는 소식을 들은 시인은

죽음에도 삶에도 필요한 사과(謝過)를 떠올린다. 이 사과를 시인은 가볍게 사과(沙果)로 전이시킨다. '죽음'이라는 거대한 화두가 코바늘에 걸리는 수세미나 사과처럼 사물화가 되고 있는 중이다.(사실 전혀 모르는 타인의 죽음에 대한 우리의 감정을 보라. 이것이 우리가 타인의 죽음을 대할 때의 태도이며 실제 경험이지 않은가) 죽음은 수세미를 지나 날씨를 핑계로 전(煎)으로 향한다. 미나리와 오징어를 넣은 전을 부치는 장면은 흡사 무슨 작은 잔치라도 벌릴 것처럼 흥겹기까지 하다. 죽음이 잔치가 되다니! 시인도 놀랐는지 그는 한번만 더 죽음을 상기한다. "다행히 비 내리는 날이 많아 그 사이로 사람이 죽기도 한다"

시인은 "죽는 사람들 사이로 날마다 비가 내"리는 것과 "비 내리는 날이 많아 그 사이로 사람이 죽기도 한다"는 것의 차이점을 애써 구분하려고 한다. 뒷문장의 앞에 "다행히"를 넣어 죽는 사람들보다 비 내리는 날이 더 많다고 변호 아닌 변호를 하고 있지만, 사실 실제 죽음의 수(數)에는 아무런 차이가 없다. 앞 문장에서 비는 이미 '날마다' 내리고 있기 때문이다.

그러나 다시 언급된 죽음도 곧바로 올리브 병의 들기름이나 사과나무에 열린 복숭아처럼 얼토당토않은 상상의 놀이로 전환된다. 이 상상 놀이는 급기야 단양과 충주 사이에 스페인을 끼워 넣기까지 한다. "안 될 게 뭐 있어 비도 오는데"

시인은 비가 오면 안 될 게 없다고 말한다. 죽는 사람들 사이로 날마다 비가 내리고 비가 내리는 날이 많아 그 사이로 사람이 죽기도 하니, 다시 말해서 비=죽음이니 안 될 게 없다는 것이다. 이 선언은 현실과 비현실, 가능과 불가능, 과거와 현재와 미래의 관계들에 대한 절대적인 기준이 결국 生/死로 결정된다는 것을 강하게 드러내는 셈이다. 사람이 그토록 죽어나가는 마당에 다른 기준이 어디 있겠느냐는 것이다.

그런 와중에 과거를 그리는 시인의 회고는 환상적이다. 그런데 그 환상은 아름답지 않다. 셔터를 내리는 닭 날개와 오토바이를 탄 새, 꽃병에 꽂는 심야버스의 이미지들은 첫사랑의 정기구독을 해지한 '철든 애'의 아픈 자화상들이다. 시인은 청춘의 "불꽃"이 이벤트였을 뿐, 지속적이지도 않고 그럴 수도 없다는 것을 담담히 전한다.(사실 이런 과정은 당연히 겪게 되는 통과의례적 감성이며 체험이 아닌가)

시인은 우리가 단풍들지 않는다고 말한다. 색종이처럼 사진을 찍을 수 있다고 말한다. 비가 내리는 날이 많고 사람이 죽기도 한다는데, 우리는 코바늘로 즐거운 뜨개질도 하고, 비는 내리고, 흥얼흥얼 전도 부치자고 말한다. 비가 와서 안 될 게 없으니, 가끔 떨어져 있자고도 한다.

이 시는 죽음이라는 '무게'를 다루고 있으면서도 우리를 미소 짓게 한다. 전을 부칠 때의 장난기는 웃음까지 슬며시 새어나오게 한다. 하지만 이 장난은 경박스럽지 않고 단정하며 온후하다. 죽음이라는 무게가 장난이라는 가벼움에 둘러싸여 살짝 발을 들어 올리는 듯한 기분이 들기도 하다.

그런데 "안 될 게 뭐 있어 비도 오는데"에서는 마음이 가라앉고 숙연해진다. 안 될 게 없다고 해서 아무거나 해도 된다는 말은 아닐 것이며, '될 대로 되라'는 식의 절망은 더더욱 아닐 것이다. 비=죽음이 오고 있지만 시인은 단풍들지 않는다고 말한다. 저항의 표시가 아니라 동반(同伴)처럼 들린다. 여기에 이르면, 우리도 안전벨트를 매고, 색종이처럼 사진도 찍으며, 가까운 어디에라도 가고 싶어진다. "여전히 비가 내리고 누군가 멀리 떠나"가고 있지만.

　신예 시인들의 두 편의 시를 읽었다. 한 편은 '정글짐', 다른 한 편은 '비'라는 사물을 통해 양 극단으로 향하는 상상력의 향방을 볼 수 있었다. 두 편 모두 '죽음'이라는 그늘을 거느리고 있었지만 한편은 탁한 그늘이었고 다른 한편은 맑은 그늘이었다. 이는 사물을 대하는 시인의 태도, '이성적-논리적'이냐 아니면 '감성적-체험적'이냐에 따라 달라진 것은 아닐 것이다. 그렇다면 이 차이는 어디에서 오는 것일까. 단순히 시인을 둘러싼 환경의 차이에서 오는 것일까.

주체적 존재로서의 사물들(5)
― 김희준(1994~2020)의 제페토의 숲

6. 주체적 존재로서의 사물들(5)
― 김희준(1994~2020)의 제페토의 숲

　김희준 시인(1994~2020)은 시간과 공간은 물론 언어의 경계와 한계를 허무는 시도를 한다. '시도'가 아니라 실행하여 완성한다. 그의 시간에는 선형적(線型的) 진행이 없고 공간에서는 원근적 시각이 사라진다. 그에게 창세와 말세는 동시에 일어나고 여기와 저기, 이곳과 너머는 공존한다.
　「제페토의 숲」은 서사성이 짙게 나타난다. 이 서사성이 신화와 동화와 실화(實話)와 영화의 형식을 동반하여 비구조적으로 드러나 있다. 이 형식들은 각각의 골격을 유지하면도 서로의 경계를 지우며 다차원의 세계를 표상한다. 이 세계에서도 시적 주체는 시적 대상들과 물리적인 혹은 정신적인 경계를 무화시키며 함께 뭉치기도 하고 뿔뿔이 흩어지기도 하는 유동성을 보인다. 시간과 공간이 그러할진대 이 시인의 존재 양식인 언어에 대해서는 말을 해 무엇을 하겠는가.

　　거짓일까 바다가 격자무늬라는 말.

고래의 내장에서 발견된 언어가 촘촘했다 아침을 발명한 목수는 창세기가 되었다 나무의 살을 살라 말을 배웠다

톱질 된 태양이 오전으로 걸어왔다

가지 마, 나무가 되기 알맞은 날이다 움이 돋아나는 팔꿈치를 가진 인종은 초록을 가꾸는 일에 오늘을 허비했다 숲에는 짐승 한 마리 살지 않았다 산새가 궤도를 그리며 날았다

지상의 뷰다는 어디일까
숲에서 나무의 언어를 체득한다

목수는 톱질에 능했다 떡갈나무가 소리 지를 때 다른 계절이 숲으로 숨어들었다 떡갈나무 입장은 생각하지 않기로 했다 목수는 살목범(殺木犯)이었으므로

진짜일까 피노키오, 피노키오 떡갈나무 피노키오 개구쟁이 피노키오 피노키오, 피노키오 귀뚜라미 떡갈나무 요정은 피노키오를 도와주지요 삐걱삐걱 삑삑 삐걱삐걱 삑삑 삐걱삐걱 삑삑 삐걱삐걱 삑삑 개구쟁이 피노키오 나무인형 피노키오 피노키오 피노키오

숲으로 가게 해주세요

나무는 물기가 없었다 바람은 간지러운 휘파람이 되었다 빽빽하

게 그린 나무의 결이 달랐다 동급생 사이에 전염된 그림, 면역체계
를 찾으려면 격자무늬를 수혈 받아야 한다

　소리를 가져간 피노키오 숨이 언어인 피노키오 참말 하는 피노키
오 떡갈나무 피노키오 삐걱삐걱 피노키오 진짜일까 피노키오 나무
인형 피노키오

　모든 책이 은밀해졌을 때 나는 쫓겨났다
　저 너머를 건너는 거짓말이 길어졌다

　피노키오가 인간을 키운다 다각형 몸이 심해에 잠긴다 고래가 뒤
척일 때 인간은 나무가 되었다 나무는 나를 읽어낸다

　해체된 태양이 떠오르는 남쪽에서부터 창세기가 시작되고
　나는 제자리걸음을 한다

　사라진 숲의 버뮤다에 새들이 궤도를 바꿔 날았다

　이 시의 서사는 시간적 순서를 따르지 않지만,(시인이 싫어할
것이지만) 이해를 위해 굳이 위에서 말한 각 장르별로 분별해
보자면 탄생-죽음-부활과 탄생-역경-성장과 탄생-성장-귀소와
탄생-역경-귀소로 구성해 볼 수 있다. 이 과정들은 모두 중층적
이고 다성적이다. 여기서는 지극히 협소하게 영화적 서사 구조
로 펼치면서 이 시를 읽어보기로 한다.
　이 시를 영화로 보면 애니메이션 퀼트다. 모두 다섯 개의 파

트로 이루어져 있다. 1, 3, 5의 파트는 주인공의 '탄생-역경-귀소'의 흐름을 따르고 2와 4파트는 노래로 이루어져 있다.

먼저 파트1.의 퀼트를 보자. 이 장면은 흐르는 것이 아니라 멈춰져 있고 각각의 그림들이 한 장면의 퀼트로 조각되어 있다. 소리는 없다. 무성이다. 퀼트 형태의 격자무늬 바다. 소리 지르는 떡갈나무의 입장은 생각하지 않는 폭압적 목수의 등장. 살목범으로 지목된 목수에 의해 탄생하는 주인공 피노키오.(태어나고 싶어 태어나는 생명이 어디 있겠는가) 숲에서 나무의 언어를 체득하는 목수 혹은 '나'. 그런데 이 파트1.은 파트3.을 중심으로, 구멍이 나기는 하지만, 데칼코마니처럼 접혀 파트5.와 겹친다. 고래의 내장에서 발견된 촘촘한 언어. 아침을 발명한 목수에 의해 출현하는 창세기. 지상의 버뮤다. 궤도를 그리며 날고 있는 새. 이들의 의미는 영화가 진행되면서 점차 해명된다.

파트2.는 유성이다. 경쾌하게 울리는 노랫소리다. 그러나 소리의 경쾌함과는 달리 내용은 암울하다. "진짜일까 피노키오"로 시작되는 노래는 피노키오가 가짜라는 것을 암시한다. 귀뚜라미와 요정의 도움이라는 '올바른 삶의 지침서(상징체계)'가 진짜 나무 피노키오를 가짜 인간 피노키오로 변질되게 한다는 의미를 내포한다.

파트3.의 퀼트는 많은 그림이 등장하지 않지만 무게감은 강하다. 영화(시)의 한 가운데 배치되어 영화(시상) 전체를 지배한다. 여기에서 피노키오는 역경에 직면한다. 이때부터 우리는 동화의 피노키오와 실화의 시적 주체를 따로 분리해서 읽을 수 없다. "숲으로 가게 해주세요"라는 호소는 피노키오와 시적 주체의 들리지 않는 이중의 목소리다. (이후 이 소리는 영화의 후반부로 갈수록 유성화되면서 강화된다) 물기 없는 나무. 변질된 나무의 결과 전염된 그림. 이 몇 장의 그림들은 파트1.과 파트5.의 접힌 그림들로 해명돼야 한다. 다각형의 나무 인형이지만 나무의 본성을 잊고 인간처럼 행위를 하는 거짓 인간으로서의 주인공. 오염된 인간, 오염된 언어, 오염된 시간, 오염된 공간 들. 이 오염에 저항하기 위한 면역체계로서의 격자무늬, 그것의 수혈. 주인공은 숲으로 되돌아가고 싶다. 숲의 언어를 체득한 시인에게 마른 나무의 빽빽하게 굳은 결처럼 변질된 질서가 잡힌 언어는 전염된 언어, 거짓에 불과하다. 세계는, 세상은, 존재는, 그런 언어로는 규정될 수 없다. 시인은 이 전염된 언어를 떠나 언어 이전의 언어, 창세 이전의 숲의 언어로 되돌아가려는 귀소 본능을 드러낸다.

파트4.는 다시 노래. 여기에 등장하는 "진짜일까 피노키오"라는 말은 가짜가 다시 진짜가 될 수 있음을 암시한다. 소리와 언어가 숨(목숨)이 된 피노키오. 참말을 하게 된 피노키오. 나무로서의 피노키오. 그런데 이 노랫소리는 제3의 목소리나 음향으로서의 목소리가 아니라 시적 주체나 나아가 시인의 목소리로 들리기 시작한다.

파트5. 대단원이다. 무성과 유성이 혼융되었다. ("숲으로 가게 해주세요") 여기서 가짜 인간 피노키오는 다시 나무가 된다. 진짜가 되는 것이다. 가짜 인간 피노키오는 사라졌다. 바다의 버뮤다에서처럼. 고래가 뒤척일 때, 인간은 나무가 되고 나무는 '나'가 된다. 촘촘한 언어로 읽히는 '나', 시인은 서로에게 은밀

해진 언어의 세계에서는 자발적으로 쫓겨나기도 한다. 제페토의 숲에서 찍혀내 거짓을 살았던 피오키오처럼 '나'에서 멀어진 '나', 저 너머인 '나'의 숲으로 건너가기 위해 길어지는 거짓말. ("숲으로 가게 해주세요") 그러나, 제자리걸음만 하고 있는 '나.'

"숲으로 가게 해주세요"
  이 소리는 시의 중앙부에 위치하면서 시의 전후에 점점 큰 파장을 일으킨다. 처음 피노키오의 목소리였던 이 소리는 '나'의 목소리와 겹치기 시작하면서 특히 후반부에서는 다중의 소리로 들린다. 그리고 마침내, 필자만 그렇게 느끼는 것일까, 필자의 목소리도 거기에 섞인다.
  김희준 시인의 시에 등장하는 시적 대상들은 우리의 차원을 넘은 '너머'의 차원에서 서로 섞이거나 이탈한다. 유형은 무형으로 무형은 유형으로 형태를 바꾸기도 한다. 인형이 인간이 되고 인간이 나무가 되고 나무가 시적 주체로, 혹은 그 반대의 흐름으로 형상이 바뀌는 일은 그의 시에서 이상한 일이 아니다. 또한 그러므로 그의 시는 어느 방향으로 읽느냐에 따라 다양한 독해를 가능하게 한다. 그것이 본래 세계의 모습이지 않는가.
  시인이 "바다의 격자무늬"를 수혈받고 제자리걸음을 하면서도 지상의 버뮤다인 그 숲으로 가지 않았다면 그는 우리에게 앞으로 어떤 소리를 들려주었을까. 그러나 그는 지상의 버뮤다, 숲으로 떠나버리고 말았다.

언어 지향적 경향 시의 독립적 이미지화 기법

1. 언어의 지시적 의미를 무화(無化)하는 시적 언어 표현
1) 독립적 이미지의 구성 요소
2) 이미지의 확산을 통한 독립적 이미지화

2. 시적 주체나 시적 대상이 중시되는 시적 언어 표현
1) 시적 주체가 중시되는 언어 지향성의 시
2) 시적 대상이 중시되는 언어 지향성의 시

7. 언어 지향적 경향 시[1]의 독립적 이미지화 기법

1 필자는 한국 현대시의 갈래적 특성을 언어 지향적 경향의 시와 주체 지향적 경향의 시와 대상 지향적 경향의 시로 구분한 바 있다. '언어 지향적 경향의 시'는 창작 주체가 '언어 현상' 자체에 시적 의의를 부과하는 특성이 있다. 시는 어쨌든 언어 예술이다. 언어 없이 시를 생각할 수는 없다. 창작 주체가 시적 주체나 시적 대상에 관심을 기울인다 할지라도 언어로 매개되지 않는 시적 형상화는 불가능하다. 이때 '표층적 이미지'는 이 경향의 특성을 파악하는 주요한 이미지이다. 언어 현상을 중시하는 창작 주체는 시적 대상의 이면적 혹은 내면화된 의미보다는 언어의 표면적 지시성의 특성에 주목하게 된다. 표층적 이미지화는 대상의 객관적 형태 묘사와 외형적 형상화에 치중하는 기법이다. '주체 지향적 경향의 시'에서는 창작 주체가 '시적 주체'를 우선시하여 시를 전개한다. 이 경향의 특성을 파악하는 주요한 기법은 '내포적 이미지'의 원리와 효과이다. 내포적 이미지화는 시적 대상의 이면적(裏面的)이거나 내면화된 의미를 드러내는 방식이다. '대상 지향적 경향의 시'는 창작 주체가 '시적 대상'에서 의미와 의의를 추구하는 경우의 시이다. 시간과 공간의 제한을 받는 유한한 존재로서 창작 주체도 가족·사회·국가라는 시대 상황에서 자유로울 수 없다. 이 경우에 창작 주체는 이러한 상황에 관계하여 이에 대한 자신의 견해를 표명하며 부정하거나 긍정하는 등의 입장을 시적으로 형상화한다.(김명철,『현대시의 감상과 창작』, 푸른사상, 2020, 237~239쪽 참조) 이 글에서는 현재 한국 현대시의 가장 큰 주류를 이루고 있는 '언어 지향적 경향의 시'에 대한 창작 기법만을 전개하기로 한다.

1. 언어의 지시적 의미를 무화(無化)하는 시적 언어 표현

　언어(기표)는 기의를 전제로 한다. 기의 없는 기표란 있을 수 없다. 일반적인 의미의 기표가 일반적인 의미의 기의를 거느리지 않는다면 그 기표는 기의 없는 기표가 아니라 기표 자체가 기의의 역할을 하고 있다고 볼 수 있다. '기표-기의'의 관계에서 기의의 자리에 기표가 들어선 '기표-기표'의 관계인 것이다. 예를 들어, '의자'라는 기표가 '사람이 앉을 수 있는 도구'라는 일상적인 의미의 기의를 실현하지 않는다면 이 기표는 '의자'라는 언어의 물질성을 기의로 지니게 된다고 볼 수 있다.

　기표와 기의가 일대일로 대응하는 것은 아니다. '의자'라는 기의는 언어적 약속으로서의 '의자'라는 기표뿐 아니라 이 약속을 변경하여 다른 기표로 표현될 수 있다. 시간과 공간을 달리 한다면 '의자'에 해당되는 기표들은 무수히 많다. '의자'라는 기표 또한 단 하나의 기의만을 지니지도 않는다. 구체적인 기의의 경우에는 용도에 따라 다를 수 있고, 크기와 재질에 따라 다를 수 있으며, 이 기의가 비유적으로 관념화된다면 물질적, 물리적 개념이 아닌 정신적, 추상적 기의가 될 수도 있다. '의자'는 권좌나 권력을 지칭하는 비가시적 기의를 나타내기도 한다.[2]

2　라캉은 기표와 기의가 일대일로 대응하지 않음을 전제로 하여 주체의 구조 해명에 언어의 구조 원리를 차용한다. 그는 기표가 차연 작용에 의해 의미의 끊임없는 연쇄, 즉 기의의 미끄러짐으로 인한 '기의에 대한 기표의 절대적 우위성'을 강조한다.(정문영,「라캉: 정신분석학과 개인 주체의 위상 축소」, 윤효녕 외, 『주체 개념의 비판』, 서울대학교출판부, 1999. 72~86쪽)

'언어'에 대한 탐색과 '언어 현상' 자체를 중시하는 시의 창작 주체는 언어 기호의 전통적인 '기표-기의' 관계에 회의적인 시각을 지니는 경향이 있다. 기의를 배제하는 기표 자체로서의 언어의 물질성에 관심을 표명하는 것이다.[3]

'언어 지향적 경향의 시'에서는 창작 주체가 '시적 언어' 현상에 주된 관심을 둔다. 시는 언어를 매체로 하는 언어 예술이다. 언어 없이 시를 생각할 수 없다. 창작 주체가 시적 주체나 시적 대상에 관심을 기울인다 할지라도 언어로 매개되지 않는 시적 형상화는 불가능하다. 그러나 반대로 창작 주체가 언어 현상 자체에 관심을 기울인다 할지라도 시적 주체나 시적 대상을 전혀 도외시할 수도 없다. 언어란 인식을 위한 기호라는 전제 하에서만 성립되기 때문이다. 엄정한 의미에서 기의 없는 기표란 있을 수 없다. 따라서 시의 창작 주체가 언어 현상 자체에 관심을 집중한다 할지라도 순수한 언어로서 만의 시[4]는 불가능하다. 다만 시 창작 방법 연구의 입장에서는, 창작 주체가 언어 현상에 주목할 경우에 표출하는 이미지화 기법의 원리를 해명하고, 그것이 '언어 지향적 경향의 시 창작 과정'에 방법적으로 적용되는

---

[3] 김춘수는 사회적·역사적 의미, 관념이 배제된 무의미의 기표로서의 시적 언어를 '순수 언어', 그 반대의 경우를 '오염된 언어'라고 언급하며 '무의미시' 창작에 주력했고 그 이미지 기법은 현대시 특성의 주요한 한 축을 형성했다.(김춘수, 『시론전집 I』, 현대문학, 1994, 533~536쪽)

[4] 주영중은 조지훈과 김춘수의 시론을 비교하면서 '순수시' 개념을 '정신의 순수성'과 '언어의 순수성'으로 구분할 것을 요구한다.(주영중, 「조지훈과 김춘수 시론 비교연구」, 『어문논집』 제59호, 민족어문학회, 2009, 489~516쪽)

과정을 규명할 필요가 있을 것이다.

1) 독립적 이미지의 구성 요소

언어 지향적 경향의 시에서는 시적 대상의 독립적 이미지화 기법이 중시된다. 시적 언어에서 유발되는 '의미'는 경시되고 피상적 이미지의 연계 원리가 주요한 창작 기법이 된다. 이때의 시적 논리는 인상적인 이미지의 연속적 표현이 된다. 그러므로 이미지를 구성하는 시적 대상들은 반드시 필연적이고 언어 논리적인 출현 원리를 따르지 않는다. 이들은 다른 대상들로 대체되거나 삭제되어도 무방할 정도의 의미를 갖는다. 기표로서의 시적 언어가 지시하는 시적 대상의 기의적 의미가 무화(無化)되는 것이다. 언어 지향성의 시를 창작하는 창작 주체는 기의보다 기표로서의 언어 현상에 주목한다.

  바다 밑에는
  달도 없고 별도 없더라
  바다 밑에는
  항문과 질과
  그런 것들의 새끼들과
  하나님이 한 분만 계시더라.
  바다 밑에서도 해가 지고
  해가 져도, 너무 어두워서
  밤은 오지 않더라.

> 하나님은 이미
>
> 눈도 없어지고 코도 없어졌더라.
>
> 흔적도 없더라.

―김춘수, 「해파리」 전문, 397

시적 주체가 '해파리'가 되어 바다 밑의 풍경을 인상적으로 제시하고 있는 김춘수의 「해파리」는 짧은 시임에도 불구하고 그것의 시적 전언을 확연히 파악하기가 쉽지 않다. 「해파리」는 단순 이미지의 병치와 나열로 이루어진 시이다. 시의 내용은 단순하나 그 진술은 일반적인 언어의 논리를 따르지 않는다.

시의 내용을 간추린다면, '바다 밑에는 달과 별이 없고 항문과 질과 그것들의 새끼들과 하나님이 있으며 해가 져도 밤은 오지 않는데 하나님이 흔적도 없이 사라졌다'이다. 해파리가 바다에서 원형(圓形)의 움직임으로 유영(遊泳)하는 모습에서 해나 달과 별이나 또는 항문과 질 등의 이미지를 연상할 수 있는 가능성이 있다 하더라도, 해파리에게 항문이나 질이 있든 없든, 이들 이미지 연계의 개연성은 불투명하다. 규정되지 않은 하나님의 이미지와 그것에서 파생된 이미지가 등장하여 있던 존재가 없어진다는 의미상의 변화 또한 특별한 전언적 의미를 생성하지 않는다. 이 이미지가 시의 의미나 주제 의식을 주도하는 것이 아니다.

이 시를 구성하는 모두 다섯 개의 이미지들은 서로 다른 이미지를 내포하거나 또는 다른 이미지로 연계되지도 않는다. 이들 이미지들은 보다 더 큰 의미를 내포한 핵심적 이미지로 포괄되지도 않으며 주종적 관계에 있는 이미지들도 보이지 않는다. 이들은 서로 무관한 듯 연속되어 있으며 이들의 등장에는 필연적 개연성이 없다. 일반적인 언어의 개연성 있는 진행을 따르지 않고[5] 우연적 돌발성의 규칙에 의존한다. 따라서 개별 이미지들의 피상적인 의미 파악에 의한 이미지 유형 검토 결과는 '독립적 이미지'라고 할 수 있다.

「해파리」는 바다 밑의 풍경이라는 공간을 배경으로 하여 달과 별, 항문과 질, 항문과 질의 새끼들, 하나님, 해가 져서 어두워짐, 하나님의 사라짐 등의 이미지가 '있다'와 '없다'를 술어로 동반하여 진술되고 있다. 그러나 이 진술들은 시의 핵심적 전언이 아니다. 더욱이 바다 밑에 항문과 질과 "하나님이 한 분만 계시더라"는 진술은 일반적인 언어의 논리를 벗어나 있다. 이 시에 등장하는 이미지들은 일정한 하나의 의미로의 접근을 거부하는 듯 보인다.

이미지들의 출현 순서를 임의로 바꾸어 놓아도 이 시의 시석 의미에는 큰 차이점이 없다. 하나님의 이미지와 하나님의 사라짐의 이미지가 서로 자리를 바꾸어도 무방할 것이며 항문과 질, 항문과 질의 새끼들의 이미지가 시의 서두나 말미에 등장한다 하여 시의 의미나 시적 전개의 논리가 파괴되지 않는다. 따라서 이 시의 시적 대상들은 다른 대상들로 대체되어도 크게 문제가

---

5 권혁웅은 「해파리」의 공간을 무의식, 비합리의 공간, 미지의 공간으로 파악한다. 이성적이거나 합리적인 삶의 규준이 부재하는 세계라는 것이다.(권혁웅, 「김춘시 시 연구」, 고려대 석사논문, 1995, 39쪽)

되지 않는다.[6]

달과 별의 이미지 다음에 항문과 질이라는 불연속적인 이미지의 연계는 이 시의 마지막 행까지 지속되고 있다. 존재하던 하나님의 이미지에서 하나님의 사라짐으로의 이미지 변화도 같은 이미지의 다른 표현에 불과하다.

「해파리」의 이미지 구성은 비논리, 비합리적 연계에 의한 단순 이미지들의 개별적 나열과 병치이다. 그래서 "바다 밑에는/항문과 질과/그런 것들의 새끼들과/하나님이 한 분만 계시더라."라는 예견하기 어려운 시적 진술이 오히려 납득될 수 있다. 논리적이고 필연적인 개연성에 따라 이미지의 흐름이 자연스럽게 연계되었다면 이 시의 창작 주체가 바라는 시적 의의로서의 언어 현상 탐색은 그 목적을 달성하지 못했을 가능성이 크다.

이 시에서 시적 대상을 향한 시적 주체의 의지 표출은 거의 드러나지 않는다. 이 시의 시적 주체에게는 시적 대상보다도 시적 언어가 선행되고 있는 것이다. 시적 주체는 이미지들을 객관적인 입장에서 독자에게 전달한다는 태도를 견지한다. '항문'과 '질'의 표출이나 또는 '하나님의 출현과 사라짐'이라는 이미지가 드러나 있으나, 이들 또한 시적 주체의 주관적이고 의도적인 의미를 노출하지 않는 기술(記述) 방식을 취하고 있다. 시적 대상들의 출현과 사라짐에 대한 시적 주체의 가치 판단이 드러나

---

6 언어만의 '순수시'를 위한 설명의 예시로 김춘수는 자신의 시「하늘수박」을 들면서 시적 대상의 철저한 파괴를 위해 이미지를 소멸하려 했다고 말한다. 그에 따르면 이때의 이미지는 난센스가 된다. 대상으로부터 기인하는 의미를 완전히 붕괴시키자는 것이다.(김춘수, 『시론전집 Ⅱ』, 현대문학, 1994 547~552쪽 참조)

지 않고 있는 것이다.

2) 이미지의 확산을 통한 독립적 이미지화

언어 지향성의 시는 이미지의 전환과 도약, 돌발적 이미지의 출현 현상을 보이는 경우가 많다. 언어의 개연적, 논리적 구조에 대한 무관심과 그것의 파괴 현상마저 보인다. 이미지의 연계는 파격적이며 부자연스럽다. 그러나 어떤 이미지가 전혀 생소하거나 관련이 없는 다른 이미지로 전환, 도약하거나 돌발적 이미지의 갑작스런 출현 등은 언어 지향성 시의 시적 의의를 오히려 풍요롭게 하거나 경이롭게 하는 효과를 낸다.

> 눈이 내린다.
> 고지새가 한 마리 울고 간다.
> 죽은 사람들이 나를 본다.
> 사십오 년 전 느티나무,
> 눈이 내리고
> 고지새가 한 마리 울고 갔다.
> 썰매를 타고 있었다.
> 허리가 뒤로 꺾인 고지새,
> 죽은 사람은 아무도 없었다.
> 잡목림 너머 그 쪽에서
> 별이 하나 둘 돋아나고 있었다.
> ― 김춘수, 「썰매를 타고」 전문, 370

김춘수의 「썰매를 타고」는 언어 지향적 경향의 시에서 볼 수 있는 이미지의 전환과 도약 및 돌발적 이미지의 출현과 그 원리를 파악하는 데 유효한 자료이다. 짧은 시임에도 불구하고 모두 6개의 주요 이미지와 그것의 파생 이미지를 동반한 이 시는 '썰매를 타고 있는 고지새'의 독특한 이미지가 중심이 된다. 6개의 이미지는 언어 지향성 시의 진술 차원적 특성인 개별 이미지의 병치와 나열을 모범적으로 보여준다. 눈 내리는 풍경 속에서 고지새가 울고 가고, 죽은 사람이 나를 보고, 과거의 회상 속에 등장하는 허리가 꺾인 고지새의 이미지 등이 출현하는 것은 파격적이다. 눈 내리는 풍경과 고지새 및 죽고 산 사람의 이미지도 시간의 역전(逆轉) 속에서 파생된 같은 이미지의 다른 표현에 속한다.

시제의 유희가 감지되는 「썰매를 타고」는 "사오십 년 전 느티나무"라는 시행을 전거로 이미지의 전환을 보인다. 현재의 고지새가 과거의 고지새로 변화되는 시제의 역전이 이를 담보한다. 일반적으로 시간의 단절이나 역전에 의한 이미지 전환은 시적 주체가 시에서 드러내려는 주된 시적 전언과 깊이 관련된다. 시의 내용적 의미 차원의 이미지화 기법인 것이다. 그러나 이 시의 시간적 역전에 의한 이미지 전환은 시적 전언과 무관한 듯하다.[7] 현재의 눈 내리는 풍경 속에서 환기된 '과거의 허리 꺾

---

[7] 권혁웅은 이 시를 환유의 비유법으로 해명하면서, 화자의 현재와 유년이 새의 울음을 통해 접면한다고 언급한다. 시간적, 공간적인 거리가 고지새를 매개로 단번에 접속되었다는 것이다. 이 또한 시적 전언보다는 이미지 자체를 우위에 두는 설명이다.(권혁웅, 「한국 현대시의 시작 방법 연구」, 고려대 박사논문, 2000, 117~118쪽)

여 썰매 타는 고지새의 이미지'가 비록 산 사람과 죽은 사람을 대비시키고는 있으나 그것만으로 시의 전언을 파악하기는 쉽지 않다. 또한 '현재'에서 "죽은 사람들이 나를 본다."는 이미지는 '과거'에서는 "죽은 사람은 아무도 없었다."라는 도약적 이미지로 변환된다. 언어의 표면적 의미로만 본다면 시간이 흘러 현재는 죽어 있지만 과거에는 살아 있었다는 의미로 간주할 수 있다. 그러나 이를 인간의 삶과 죽음의 문제와 같은 의식적 표현으로 의미화할 수는 없다. 언어 지향성 시의 표면적 언어 특성인 도약적 이미지의 단순 제시인 것이다.

언어 지향성 시에서 돌발적 이미지의 제시는 이미지의 확산과 긴밀히 관련된다. 이 시의 마지막 행에 등장하는 "별"의 이미지는 돌발적이다. 저녁이나 밤의 시간적 배경을 제시하면서 단순히 시의 종결을 위한 장식적 이미지로 보기에는 몇 가지 고려해야 할 사항이 있다. 현재이든 과거이든 이 시의 공간적 배경은 눈이 내리고 있었으므로 날씨가 흐렸을 것이나, 별이 돋아났다고 함으로써 시간의 흐름과 날씨의 변화를 동시에 제시하고 있으며, 죽은 사람의 영혼이 하늘에 올라가 별이 된다는 동화적 모티프를 환기시키기도 한다. 이는 세 번째 행의 "죽은 사람들이 나를 본다."는 심리적 진술의 물리적 증거이기도 하다. 물론 이 돋아나는 별들은 시에서 제시된 사람들이 아닌 '과거 이전'에 죽은 사람들에 대한 비유일 것이다. 이처럼 언어 지향적 경향의 시에서 돌발적 이미지는 그것의 출현을 예측하기가 쉽지 않으나, 시적 언어의 표면적 표상 원리에 따라 시상을 풍부하게 하는 이미지의 확산에 긴요한 기법이다.

이 시에서도 시적 주체가 시적 대상을 대하는 시각은 객관적이고 즉물적인 입장이다. 허리가 뒤로 꺾인 고지새에도, 죽은 사람이나 산 사람에게도, 별에게도 시적 주체는 의미 부여를 하지 않는다. 시적 주체는 시적 대상들이 즉물적, 현상적으로 존재하고 있음으로 해서 그가 이들을 보는 것이며, 있는 그대로 독자에게 전달할 뿐이라는 태도를 보인다.

이상에서 두 편의 시를 통해 '언어 지향적 경향의 시'에서 드러나는 '독립적 이미지'의 원리와 효과 등을 구체적으로 살펴보았다. 이를 통해 언어 지향성의 시적 언어는 일차적으로 언어의 지시적 기능을 무효화하는 특성이 있음을 파악할 수 있었다. 이는 독립적 이미지의 나열과 병치, 전환과 도약 및 돌발적 이미지의 출현 원리에 의한 결과였다. 언어 지향성의 시에서 이미지화된 시적 대상들은 필연적이고 논리적 개연성을 지닌 일반적인 언어 질서의 인과관계를 따르지 않았다. 이미지들에서 시적 주체와 시적 대상은 표면적 형상으로만 연계되었고, 주체와 대상의 상호 관계 속에서 도출될 수 있는 시적 전언은 '의미'와는 거리가 있는 것이었다.

2. 시적 주체나 시적 대상이 중시되는 시적 언어 표현

'언어 지향적 경향'의 시적 특성이 단절적 이미지에서 유발되는 '의미의 무화'를 강화하는 반면, 이 경향에 '시적 주체'나 '시적 대상'이 중시되는 경우에는 다소간 '의미 있는' 시적 전언이 부각하게 된다. 피상적 이미지의 연계가 약화되면서 일정 부분 시적 전개의 개연성이 확보되는 것이다. 그러므로 이미지를 구성하는 시적 대상들은 어느 정도 타당성 있는 의미의 연속성을 지니게 된다. 이들은 다른 대상들로 대체되거나 삭제될 정도로 언어의 지시적 기능을 무시하지는 않는다.

언어 지향성 시의 창작 주체가 다른 경향성을 중시한다 할지라도 언어 현상에 무게를 두는 것은 사실이다. 시적 주체와 시적 대상이 힘을 얻는다 할지라도 '언어'에 의해 그 둘이 매개되는 형태를 띠는 것이다. 역시 이 경우의 시라도 창작 주체가 주목하는 '시적 언어'에 의해 주도된다고 볼 수 있다. 그러므로 독립적 이미지의 기법들인 이미지의 나열·병치·전이·도약 등의 특성과 이미지의 확산 및 돌발적 이미지의 출현 원리 등이 약화된 형태로 제시되면서 시적 주체와 시적 대상이 어느 정도까지는 의미를 획득하는 양상을 보인다.

1) 시적 주체가 중시되는 언어 지향성의 시

언어 지향성의 시를 창작하는 창작 주체는 언어 현상 자체에 관심이 있다. 그러나 시에서의 언어에 대한 관심은 언술 내용의 표출로 이루어지며 이 언술 내용의 주체는 시적 주체이다. 창작 주체가 언어 현상에 주된 관심을 보인다 할지라도 결국 한 편의 시는 시적 주체의 표현인 셈이다. 언어 지향성 시의 창작 주체가 시적 주체를 중시하여 시화(詩化)하는 경우가 있을 수 있다. 이때에는 경시되었던 시적 주체의 전언이 보다 투명하게 확보

된다.

　김춘수의 타령조 연작들은 '사랑'을 주제로 한 시들이다. 「타령조 · 4」는 시적 주체를 중시하는 언어 지향성 시의 주요 특성들을 비교적 선명하게 보여준다. 이 시에서 시적 주체는 그를 떠나려는 연인에 대하여 안타까움과 아쉬움을 토로하면서, 이별에 대한 한탄과 연인에 대한 힐난 등의 정조를 표출한다. 그러나 시적 주체의 심경은 그다지 충격을 받지 않은 모습으로 나타난다. 이별의 아픔이 이별을 하는 당사자들 자체가 아니라 '시적 언어'에 의해 매개되고 '시적 언어'에 시의 무게 중심이 실리기 때문이다. 시적 주체의 진술은 직정적으로 토로되지 않으며 간헐적으로 중심적인 전언에서 길을 잃기도 한다.

　　　빠스깔 쁘띠의 헤어스타일을 하고
　　　2촌二寸 5분五分 높이의 하이힐을 신고 당신은
　　　지금 어디를 간다고 가고 있는가,
　　　플라타너스에는 미풍이 있고
　　　미풍에 나부끼는
　　　색색가지 빛깔의 뉴스가 있고
　　　비둘기 똥도 두어 곳 떨어져 있는
　　　한여름 그러한 네거리를
　　　가슴을 펴고 활개를 치며
　　　당신은 가려거든 가거라,
　　　장마 뒤 땡볕에 얼굴을 굽히며
　　　잘 생긴 콧등에 선글라스도 멋지게 얹고

가슴을 펴고 활개를 치며
당신은 가려거든 가거라.
가려거든 가거라, 산에서 날아온
산비둘기다.
천둥이 울고 간 다음날 아침의
당신은 7월달 나팔꽃이다.
빠스깔 쁘띠의 헤어스타일을 하고
2촌 5분 높이의 하이힐을 신고 당신은
지금 어디로 간다고 가고 있는가.

― 김춘수, 「타령조·4」 전문, 216

  김춘수의 「타령조·4」는 떠나려는 '당신'에 대한 시적 주체의 복잡다단한 심경을 드러내고 있다. "빠스깔 쁘띠의 헤어스타일"에 약 7.5cm 높이의 하이힐을 신고 떠나는 여인에 대하여 '정말 가고 있는가'하고 묻고 있는가 하면, 그녀가 가려는 길과 그녀의 외양(外樣)에 대한 장황스러울 정도의 묘사, 즉 '플라타너스와 미풍과 색색가지 빛깔의 뉴스는 물론 비둘기 똥까지 있는 네거리'와 "장마 뒤 땡볕에 얼굴을 굽히며/잘 생긴 콧등에 선글라스도 멋지게 얹고" 등의 진술에서는 시적 주체가 당면한 이별의 문제를 비껴가려는 의도를 보이기도 하고, "가슴을 펴고 활개를 치며/당신은 가려거든 가거라,"에서는 "가거라"에 무게가 실리는 억양이어서 대상에 대한 힐난의 감정이 드러나기도 한다. "가거라"는 또한 세 번에 걸쳐 반복되고 있어서 이 시의 전언이 곧 '떠나는 여인에 대한 자조적 힐난'이 아닌가 판단하게 한다. 그러나 "산에서 날아온/산비둘기"와 "천둥이 울고 간 다음날 아침의/당신은 7월달 나팔꽃"이라는 진술에서는 시적 주체에게 적응을 못하는 '당신'에 대한 연민과 안쓰러움이 감지된다. 그리고 서두가 반복된 마지막 3행에서는 또다시 이별에 대한 안타까움이 나타나기도 한다. 그러나 시적 주체의 심경이 이렇게 복잡한 양상을 보인다 할지라도 이 시가 '사랑의 아픔'을 형상화하고 있는 것임에는 분명해 보인다.

앞에서 살펴본 언어 지향성 시의 특성은 개별 이미지들이 언어 논리적 개연성에 의해 구조화되지 않는 것이었다. 독립적 이미지에 의한 구성 원리, 즉 시적 주체의 의미 차원의 일정한 전언을 파악하기 어려웠고 개별 이미지들이 단독적으로 나열이나 병치되어 시상이 확산적으로 조직[8]되었다. 이 시도 초반부부터 "빠스깔 쁘띠의 헤어스타일"이나 "2촌二寸 5분五分 높이 하이힐"이라는 표현을 통해 이미지의 돌발적 출현을 보인다. "색색가지 색깔의 뉴스"나 "비둘기 똥"이라는 진술 또한 돌발적이면서 시의 전언과는 다소 거리가 있는 이미지를 드러내고 있다. 그러나 이 시는 '전형적인 언어 지향적 경향의 시'와는 다른 구조를 보인다. 그것은 시적 주체의 전언이 비교적 선명하게 드러나고 있다는 근거 때문이며 그 근거는 '반복적 진술'에 의해 확인된다.

한 편의 시에서 반복적 진술은 시의 전언과 같은 특정한 의미를 강조·보완하거나 안정된 주제 의식을 제고(提高)하기 위

---

[8] "시 텍스트는 조직화의 구성적 차원의 상호작용에 의해 그 통합성이 보장되는 분해할 수 없는 기호이다."(Lotman, J., 앞의 책, 30쪽)

한 기법이다. 반복적 진술은 시적 리듬감을 강화하여 독자로 하여금 시적 전언의 산만한 이해를 방지하게 하고 시상의 완결성에 기여한다. 인용된 시에서도 이러한 반복적 진술의 효과는 유지된다. 즉 첫 3행이 마지막 시행에서 반복되고, "(가슴을 펴고 활개를 치며 당신은) 가려거든 가거라"의 네 번의 반복은 이별하려는 '당신'에 대한 미련과 그로 인한 비난이라는 시적 주체의 착종(錯綜)된 심정을 드러내는 것이며 그것이 곧 시의 주제 의식으로 나타나고 있는 것이다.

2) 시적 대상이 중시되는 언어 지향성의 시

언어 지향성의 시에서 시적 의의를 추구하는 창작 주체가 '시적 대상'의 의미를 강하게 노출하는 경우가 있다. 언어 없이 세계를 인식할 수 없는 것과 마찬가지로 대상이 없이는 언어에 의한 세계 인식도 있을 수 없다. 김춘수가 시를 이념시와 순수시로 구분[9]하면서 자신의 시를 순수한 '무의미시'로 명명하였으나 그가 추구한 순수시의 탐색이 불가능한 것으로 드러난 것도 이 때문일 것이다.

시를 쓰는 창작 주체의 행위도 대상에 대한 반응의 결과이며 '시적 대상'을 통해서만이 세계에 대해 새롭게 인식할 수 있다.

---

9 김춘수는 이념시와 순수시를 관념의 개입 여부로 구분한다. 그에 따르면 창작 주체에 의해 이미지가 어떤 관념을 드러내는 도구로 활용된다면 이념시이며, 그렇지 않고 이미지가 이미지 자체를 위하여 동원되고 있다면 순수시이다.(김춘수, 『시론전집 I』, 현대문학, 1994, 347쪽)

언어 현상에 대한 탐색을 중시하는 시의 창작 주체도 자신과 관련된 시적 대상과의 관계성과 영향 관계에 주목하게 되는 경우가 있는 것이다. 그러나 이때에도 창작 주체는 시적 주체의 과도한 자기 표출을 억제하고 시적 대상의 지나친 부각도 경계하게 된다. 시적 주체의 자기 의도만으로도, 시적 대상의 유의미한 강조만으로도 한 편의 시가 구성되는 것을 '언어 현상'이 제약하기 때문이다.

김춘수의 「가을」은 언어 지향성의 시를 추구하는 창작 주체가 시적 대상에도 주목하여 '대상을 중시하는 언어 지향적 경향시'의 이미지 특성들을 보여주는 텍스트로 적절하다.

>개가 갓낳은 제 새끼를 먹는다.
>올해 여섯 살인 죠의 눈에서
>여름의 나팔꽃 채송화가 지는
>저녁나절,
>어머니가 주고 간 위스키 한 병을
>보시기로 마시며
>한국의 외할아버지는 수염을 부르르
>부르르 떤다.
>언젠가
>흑인黑人 아저씨가 주고 간
>얼룩얼룩한 양말 한 짝이
>빨랫줄에서 시나브로 흔들리고 있다.
>아메리카는 멀고도 가까운 나라,
>올해 여섯 살인 깜둥이 죠는

한국의 외할아버지 몰래
기침을 옆구리로 한다.
늑골 하나를 뽑아 아주 옛날에
사랑하는 누구에게 주어 버렸기 때문이다.

— 김춘수,「가을」전문, 229

　김춘수의「가을」은 '죠'와 '죠의 외할아버지'의 모습, 특히 세 가지의 이미지로 변주되는 '죠'의 행위를 위주로 그리고 있다. '깜둥이인 죠와 한국인인 외할아버지'라는 진술로 보아 죠의 어머니는 '양공주'였던 것 같다. 물론 '흑인 아저씨'는 죠의 아버지일 것이다. '양공주'는 한국 전쟁 당시 미군을 상대로 하였던 매음녀였다. 양공주들은 전쟁으로 인해 폐허가 된 현실을 벗어나기 위해 미국인과 결혼하려는 희망을 품으면서 몸을 팔았다. 그러나 양공주의 아들인 죠는 아버지와 어머니 없이 외할아버지와 산다. 아버지는 아버지의 나라이기에 가까운 나라라고 할 수 있지만 갈 수 없는 나라이기에 멀기도 한 아메리카에 있을 것이며, 어머니는 위스키 한 병을 주고 어디론가 가버렸기 때문이다. '한국 전쟁'이라는 시의 외재적 현실 상황이 이 시의 시·공간적 배경이 되고 있는 셈이다. 죠는 불행한 시대 상황의 희생양이다. 그는 타의에 의해 가난하고 고독한 삶을 영위하고 있다. 죠는 갓낳은 개의 새끼로 비유되어, 저녁나절 지고 있는 나팔꽃 채송화를 보고 있으며, 자신의 늑골을 뽑아 사랑하는 사람에게 주었기 때문에 외할아버지 몰래 '옆구리로' 기침을 한다. 그리고 빨랫줄에 걸린 양말 '한'짝이 시나브로 흔들리고 있다.

이 이미지들은 시의 주제 의식을 '죠의 간난(艱難)'으로 파악할 수 있게 한다.

부분적으로 이 시는 시어나 시행 단위의 이미지 특성이 시의 외재적 현상을 포괄하면서 시편 전체의 이미지 구조와 맞물려 전체적인 의미를 형성하고 있는 '대상 지향적 경향'의 시적 특성을 보인다. 그럼에도 불구하고 이 시의 시적 경향성은 '언어 지향적 경향의 시'이다. 개별 이미지들이 전반적으로 하나의 주제 의식으로 수렴되거나 포괄되는 양상을 보이지만 이 이미지들은 각기 독립적이다. 이 시는 하나의 핵심적 이미지가 내용적 연관 관계로 파생되거나 다른 이미지로 전이되는 것이 아니라 언어 지향성 시의 이미지 특성인 이미지의 전환과 도약 및 돌발적 이미지의 출현 원리를 따른다. 첫 행부터 "개가 갓낳은 제 새끼를 먹는다."라는 이미지의 출현이 돌발적이며, 채송화가 지는 저녁나절에 수염을 떨면서 위스키를 마시는 외할아버지의 모습은 전환 및 도약적 이미지의 특성을 보여준다. 다음에 이어지는 양말의 이미지는 앞의 이미지들과 '병치'의 효과를 내고 있다.

김춘수의 「가을」은 주된 이미지의 흐름이나 그 개연적 연계성의 밀도와 시의 외부적 상황과의 관련성으로 언어 지향성의 시적 특성에서 멀어진 것으로 보이지만 앞에서 살펴보았듯이 개별 이미지들의 특성은 언어 지향적 경향을 보인다. 첫 행의 '어미 개에게 먹히는 새끼 개'의 비유가 어미 개에 대한 비판이요 그것이 곧 시대 현실에 대한 시적 주체의 견해 표명으로 보일 수도 있겠으나, 시적 주체의 대(對) 사회적 전언으로 보기에는 미흡한 측면이 있다. 이것은 시의 마지막 부분에서 보이는 죠의 행위를 통해서도 감지된다. 죠는 자신을 버리고 간 어머니에게 자신의 늑골 하나를 뽑아 줄 정도로 어머니를 사랑하고 있으며 이는 곧 어머니의 행위에 대한 용서를 뜻한다고 볼 수 있다. 그러므로 "개가 갓낳은 제 새끼를 먹는다."는 이미지는 비유나 상징적 의미를 지니는 이미지가 아니라, 실제로 그런 상황을 창작 주체가 목도하였거나 단순히 먹을거리가 없을 정도의 가난에 대한 표현으로 보아도 무방할 것이다. 이 시에서는 창작 주체의 부정적인 사회 현실에 대한 비판 정신보다는 특정한 시대 상황에 의해 희생되는 한 인간에 대한 창작 주체의 개인적 감수성 측면이 주목되는 편이 무난할 것이다.

 언어 지향성 시의 이미지 구성 원리는 시의 내부에서 출현하는 언어 현상이 중시되는 경향임에도 불구하고 이 시는 시의 외부적 조건이 부각되고 있다. 시대 현실에 의해 영향을 받고 살아가야 하는 인간의 삶의 모습이 형상화되고 있는 것이다. 이 현실은 시에 등장하는 인물들에게 부정적인 영향을 주고 있다. 외할아버지의 수염이 부르르 떨리는 모습에서, 그리고 죠의 옆구리로의 기침이라는 이미지에서 이를 감지할 수 있다. 그러나 시적 주체는 시의 외부적 현상에 대한 지각을 개인적인 감성으로 전달할 뿐이다. 시적 주체의 전언은 독자에 대한 당위적 차원의 주장이나 설득이 아니라 객관적 사실의 인상적 전달이라는 판단을 하게 한다.

참고 문헌

1. 기본 자료

김춘수, 『김춘수 시전집』, 현대문학, 2004.
_____, 『시론전집Ⅰ』, 현대문학, 2004.
_____, 『시론전집Ⅱ』, 현대문학, 2004.
_____, 『시의 이해와 작법』, 고려원, 1989.

2. 논문 및 평론과 단행본

고봉준, 「감각의 난장」, 《서정시학》, 2009 겨울.
권혁웅, 「金春洙 詩 硏究 : 詩意識의 變貌를 中心으로」, 고려대 석사논문, 1995.
_____, 「한국 현대시의 시작방법 연구」, 고려대 박사논문, 2000.
_____, 「한국 현대시의 운율 연구」, 『어문논집』 제57호, 민족어문학회, 2008.
김명철, 「김춘수 후기시 연구」, 고려대 석사논문, 2006.
_____, 「현대시의 저변 확대를 위한 시 창작 교육 시론(試論)」, 『우리어문연구』 제34집, 우리어문학회, 2009.
_____, 「『질마재 神話』에 나타난 '마을' 사람들의 '性' 의식」, 『비평문학』 34호, 한국비평문학회, 2009.
_____, 「시적 형상화 기법에 따른 시 창작 교육 시론(試論)」, 『한국시학연구』 제27호, 한국시학회, 2010.
_____, 「언어 지향성의 시 창작 교육 시론(試論)」, 『어문논집』 제61호, 민족어문학회, 2010. 4.

_____, 「주체 지향성의 시 창작 교육 시론(試論)」, 『한국문예창작』 제18호, 한국문예창작학회, 2010.
_____, 『현대시의 감상과 창작』, 푸른사상, 2020.
김유선, 『시 창작의 길 찾기』, 작가, 2008.
김준오, 『시론』 제4판, 삼지원, 2004.
노 철, 『한국 현대시 창작방법 연구』, 월인, 2001.
유성호, 『현대시 교육론』, 역락, 2006.
_____, 『근대시의 모더니티와 종교적 상상력』, 소명출판, 2008.
유영희, 『이미지로 보는 시 창작 교육론』, 역락, 2003.
유종호·최동호 편저, 『시를 어떻게 만날 것인가』, 도서출판 작가, 2005.
윤효녕 외, 『주체 개념의 비판』, 서울대학교출판부, 1999.
이경수, 「한국 현대시의 반복 기법과 언술 구조」, 고려대 박사논문, 2002.
이승훈, 『모더니즘 시론』, 문예출판사, 1995.
이은정, 「김춘수와 김수영 시학의 대비적 연구」, 이화여대 박사논문, 1998.
이 찬, 「20세기 후반 한국 현대시론 연구」, 고려대 박사논문, 2004.
이정우 외, 『주체』, 산해, 2001.
장석원, 『낯선 피의 침입』, 서정시학, 2007.
주영중, 「조지훈과 김춘수 시론 비교연구」, 『어문논집』 제59호, 민족어문학회, 2009.
진수미, 「김춘수의 무의미시의 시작 방법 연구」, 서울시립대 박사논문, 2003.

최동호,『디지털문화와 생태시학』, 문학동네, 2000.
_____ ,『인터넷시대의 시 창작론』, 고려대학교출판부, 2002.
_____ ,『한국현대시사의 감각』, 고려대학교출판부, 2004.
최현식,「꽃의 의미」,《포에지》, 2001 가을.
Lotman, J.,『시 텍스트의 구조 분석: 시의 구조』, 유재천 역, 가나, 1987.

주체 지향적 경향 시의 내포적 이미지화 기법

1. 언어의 지시적 의미를 포월하는 시적 언어 표현
1) 내포적 이미지의 구성 요소
2) 이미지의 수렴을 통한 내포적 이미지화

2. 시적 언어나 시적 대상이 중시되는 시적 주체 표현
1) 시적 언어가 중시되는 주체 지향성의 시
2) 시적 대상이 중시되는 주체 지향성의 시

8. 주체 지향적 경향 시의 내포적 이미지화 기법

1. 언어의 지시적 의미를 포월하는 시적 주체 표현

'주체 지향적 경향의 시', 다시 말해서 시적 언어나 시적 대상보다도 '시적 주체를 중시하는 경향의 시'에서는 시적 주체 자신의 내면적 이미지화가 중요하다. 시적 주체 없이 시가 창작될 수는 없다. 시는 시적 대상을 시적 언어로서 형상화하는 예술이지만 시적 언어를 선택하는 자도 시적 주체이며 시적 대상을 통해 시적 체험을 하는 자도 시적 주체이다. 그의 의지적, 주관적인 판단으로 시가 구성되는 것이다. 주체 지향적 경향의 시에서 시적 언어와 시적 대상은 시적 주체를 형상화하기 위한 수단으로서 기능한다.

시적 주체 자신도 인간으로서의 외적 형상을 지니지만 이 외적 형상이 시화(詩化)된다면 시적 주체가 그 자신에 의해 객관적 대상으로 간주되는 셈이다. 이 경우는 주체 지향성의 시라고 할 수 없다. 시적 주체의 외형이 객관화되어 독립적 이미지들로 묘사된다면 이는 언어 지향성 시에 가깝다. 주체 지향성의 시는 시적 주체의 내면이 이미지화되는 경우를 말한다.

시적 주체의 내면화된 이미지란 시적 주체의 정신세계가 이미지화된 것을 말한다. 이 정신세계는 가시적 세계에 시적 주체의 주관적인 의미가 부여된 것이며, 가치와 무가치, 의미와 무의미, 바름과 그름에 대한 시적 주체의 의지의 표명이다. 따라서 주체 지향성의 시적 언어들은 대상의 일상적, 지시적, 일반적인 의미뿐만 아니라 이들을 포함하면서도 이들을 초월하는 경향이 있다. 현상적 세계의 이면에 있는 본래적·본질적 세계에 대한 탐색이 중요하기 때문이다. 이러한 성향이 시를 관념적이거나 상징적으로 만들기도 한다. 객관적 대상으로서의 이미지들이 내면화된 정신세계의 포월적인 세계로 구조화되고 수렴되는 것이다.

'주체 지향적 경향의 시'는 창작 주체가 자신의 일부를 대리하는 '시적 주체'를 우선시하여 형상화하는 시이다. 주된 언술 기법은 시적 언어와 시적 대상보다는 시적 주체에게 상대적으로 관심도가 높은 이미지화이다. 그러나 창작 주체가 시적 주체에 대하여 표명하는 의식적 혹은 무의식적 시적 의의가 확정적이거나 단절적인 것은 아니다. 창작 주체가 시적 주체에 대하여만 관심을 기울인다 하여 객체적 외부가 전혀 배제될 수는 없다. 이 논문에서는 창작 주체가 시적 주체에 주목할 경우에 표출되는 이미지화의 원리를 해명하고 이를 '주체 지향적 경향의 시 창작'에 방법적으로 적용하는 과정에 유념할 것이다.

1) 내포적 이미지의 구성 요소

내포적 이미지는 시적 언어에서 유발되는 의미가 중시되고 심층적으로 내면화되는 이미지이다. 이때의 시적 논리는 시적 주체에 의해 의미화되는 이미지 연계의 개연성에 있다. 그러므로 이미지를 구성하는 시적 대상들은 타당성 있는 언어 논리에 충실한 이미지화를 따른다. 이들은 시적 논리 구조에 의하여 다른 대상들로 대체되거나 삭제되는 것에 제한을 받는다. 시적 언어가 지시하는 시적 대상의 표면적 의미뿐만 아니라 그것의 내면화된 의미가 동반되기 때문이다. 내포적 이미지화 기법은 또한 단순 이미지의 병치나 나열을 경계한다. 이미지들 간의 의미적 연관성이 없으면 내포적인 핵심 이미지로 수렴될 수 없다.

주체 지향적 경향의 시는 이미지에 부여된 의미의 경계를 뛰어넘는 외재적 현상들에 대한 개입을 자제한다. 시의 외부적 현상들이 시에 침투하게 되면 시적 주체의 내면의 형상이 그러한 현상들에 의해 혼란스럽게 될 가능성이 있다. 주체 지향적 경향의 시에서 이미지들은 내포 이미지로 수렴된다. 중심 이미지의 반복이나 중복의 원리, 이미지의 전이와 비약의 원리가 내포 이미지의 주요한 원리들이다. 서정주의 「꽃」은 이러한 이미지의 특성을 비교적 선명하게 보여준다.

꽃아,
저 거지 孤兒들이
달달달 떨다 간
원혼을 헤치고,
그보다도 더 으시시한
그 사이의 거간꾼
왕초며
건달이며
꼭둑각시들의 원혼의 넝마들을 헤치고,
새로 생긴 애기의
누더기 襁褓 옆에
첫국밥 미역국 내음새 속에
피어나는
꽃아.
쏟아져 내리는
機銃掃射 때의
탄환들같이
壁도
人肉도
뼈다귀도
가리지 않고 꿰뚫어 내리는
꽃아.
꽃아.

— 서정주,「꽃」전문, 309~310

서정주의 「꽃」에서는 한두 단어의 시어나 한두 행의 시행 단위로는 개별 이미지가 내포한 의미를 파악하는 데 어려움이 있다. 이 시의 이미지들은 의미 차원에서 시어는 물론 시행 단위에서 다른 시어와 시행들로 지속적으로 연계된다. 처음 4행과 그 이후의 5행, 그다음의 5행과 9행으로 이미지의 특성을 구분할 수 있으나 이러한 구분도 전체적인 시편 단위의 이미지 흐름과 맞물려 있다. 개별적 이미지의 나열이나 병치가 아닌 것이다. 서두의 "꽃아"라는 미확정적 불특정 이미지로서의 호명이 이미지의 전이 과정을 거쳐 시의 마지막 행에서 반복되고 있다. 그러나 이들은 같은 의미의 이미지가 아니며 다른 이미지로의 전환도 아니다. 처음의 '꽃'의 이미지는 의미 차원의 변화를 겪으면서 마지막 행의 '꽃'의 상징적 이미지로 수렴된다.

「꽃」은 전쟁의 환난 중에 피어나는 꽃의 숭고한 생명성을 노래한 시이다. 핵심 이미지인 '꽃'이 반복적으로 호명되면서 그 의미가 강조, 강화되고 있으며 "피어나는"이라는 핵심적 술어가 전반부 두 차례의 "헤치고" 다음에 생략된 채 중복된다.[1] 이미지의 반복과 중복의 원리가 '꽃'의 이미지에 집중되어 내포 이미지를 형성한다. 이 '꽃'의 이미지는 네 가지의 수식어로 구

---

[1] 이 시에서 "헤치고"의 연이은 진술은 '중복적' 성격이 강하다. 이경수의 논지에 따르면 "헤치고"의 중복적 진술은 동일한 어휘가 반복된 병렬적 반복으로 볼 수 있으나, 이 의미가 도드라지게 부각되어 이미지의 충돌 효과를 일으키거나 의미의 순환을 가져와 외적인 의미를 박탈하여 새로운 의미로 전화되는 것이 아니므로 여기에서는 시의 분위기나 어조의 강조 정도의 효과를 내는 이미지로 보고 있다.(이경수, 「한국 현대시의 반복 기법과 언술 구조」, 고려대 박사논문, 2002, 174~194쪽 참조)

성된 단일 이미지의 전이 과정을 거쳐 구체화된다. 그러나 '꽃'
의 다양한 이미지의 전이에도 불구하고, 결국 이 '꽃'은 거지 고
아들의 원혼과, 협잡과 부랑하는 이들의 원혼의 넝마들을 헤치
고, 아기의 누더기 강보 옆 미역국 냄새 속에서, 벽도 인육도 뼈
다귀도 가리지 않고 총알처럼 꿰뚫어 내리는 '꽃'으로 수렴된
다. 이 시의 핵심적 이미지인 '꽃'에 다른 모든 이미지들이 수렴
된다.

「꽃」은 꽃이라는 시적 대상이 시적 주체의 시야에 먼저 포착
됨으로써 '꽃'과 그 주변적 상황이나 배경은 후면으로 밀려난
다. 시적 주체의 '꽃'에 대한 주관적 해석과 관념이 선행함으로
써 일상적인 꽃이 시적 의미로서의 "꽃"으로 형상화된다. 시적
주체에 의해 「꽃」에 포섭되지 못한 시 외부의 다른 이미지들은
시적 주체의 의도에 의해 배제되는 것이다.

이 시에서 '꽃'은 시적 주체에 의해 내면화된 꽃이다. 이 '꽃'
은 단순히 식물로서의 꽃이 아니며 즉물적 대상으로서의 꽃도
아니다. '꽃'은 거지 고아들이나 환난 중의 인간 군상들의 '주
검'이 아니라 그들의 '원혼'을 헤치고 피어난다. '원혼'을 헤치
며 피어나는 '꽃'을 지각할 수 있는 자는 이 시의 시적 주체만이
가능하다. '꽃'은 시적 주체의 내면화이다. '아기의 누더기 강보
옆 첫국밥 미역국 냄새'는 단순히 후각을 자극하는 물리적 속성
을 포월하고 있다. '꽃'이 이들 사이에서 피어난다는 것은 인간
의 탄생이나 죽음을 넘어서는 근원적인 속성을 함축하고 있다.
그것은 시적 주체의 추상적, 관념적 이상(理想)이거나 시적 주
체가 추구하는 지고의 가치라고 할 수 있다. 일상의 꽃이 상징

적 가치로서의 '꽃'으로 비약적 승화가 이루어진 것이다. 몇 번의 전이 과정을 거쳐 최종적으로 도달한 이미지, 곧 '꽃'이 벽도 인육도 뼈다귀도 가리지 않고 총알처럼 꿰뚫어 내린다는 진술은 시적 주체에 의해 의미화된 '꽃'의 역동적 생명성에 대한 찬미이다. 이 시는 현상(現象)으로서의 꽃이 인간적 삶과 죽음과 한계를 포섭할 뿐만 아니라 이를 뛰어넘는 '꽃'의 초월적 가치에 대한 노래이다.

2) 이미지의 수렴을 통한 내포적 이미지화

주체 지향적 경향의 시가 내포적 이미지를 구성하기 위하여 개별 이미지들은 핵심적 이미지로 수렴된다. 이는 반복이나 중복, 전이를 거친 이미지에 시적 주체가 상징적 의미를 부여하고 새로운 이미지의 비약적 제시를 통해서 완성된다. 서정주의 「菊花옆에서」는 주체 지향성 시의 반복과 중복, 내포 이미지의 전이, 이미지의 수렴뿐만 아니라 핵심 이미지의 비약적 출현 원리 등을 보여준다.

  한송이의 국화꽃을 피우기위해
  봄부터 솥작새는
  그렇게 울었나보다

  한송이의 국화꽃을 피우기위해
  천둥은 먹구름속에서

또 그렇게 울었나보다

그립고 아쉬움에 가슴 조이던
머언 먼 젊음의 뒤안길에서
인제는 돌아와 거울앞에 선
내 누님같이 생긴 꽃이여

노오란 네 꽃닢이 필라고
간밤엔 무서리가 저리 네리고
내게는 잠도 오지 않았나보다

— 서정주,「菊花옆에서」전문, 104

　서정주의「菊花옆에서」도 시어나 시행 단위의 이미지 추출은 시의 독해에 도움이 안 된다. 4연, 5개의 주된 이미지로 구성되어 있는 이 시의 이미지도 개별적 이미지들로 구성되어 있으나 이들 이미지들은 의미상으로 단절적이지 않다. 소쩍새와 먹구름, 무서리, 누님같이 생긴 꽃, 불면(不眠) 등은 따로 떼어놓으면 일견 무관한 듯 보이나 이들은 내포 이미지 구성을 위한 전이나 비약의 이미지들이다. 국화의 개화(開花) 이미지에 다른 모든 이미지들이 수렴된다.

　"한송이의 국화꽃을 피우기위해"라는 시행의 반복[2]과 이 시행

2　슈타이거는 시에서의 반복구가 서정시에서만 가능하다고 하여 반복구 자체 내에 모든 서정적인 것이 포함된다고 말한다.(Steiger, E., Grundbegriff der Poetik,『詩學의 根本槪念』, 이유영·오현일 共譯, 삼중당, 1978, 44~45쪽)

의 구체화인 "노오란 네 꽃닢이 필라고" 및 "울었나보다"의 중복적 진술은 이미지들의 형식적 연계를 파악할 수 있게 한다. 이미지들이 공통적으로 지닌 시간적, 행위적 인고(忍苦)의 의미를 통해 내용적 연계도 감지된다. 국화꽃이 피기 위해서 소쩍새와 먹구름이 오랫동안 울고 무서리가 내리고 시적 주체는 불면에 빠진다. 모든 자연 현상이 국화꽃의 개화에 관여한다. 반대로 소쩍새나 먹구름이 울지 않고 무서리가 내리지 않으며 시적 주체가 잠들고 만다면 이 국화는 개화할 수 없다는 의미이다. 이런 비가시적 자연 현상의 사변적 원인을 인식할 수 있는 존재는 이 시의 시적 주체뿐이다. 시적 주체의 주관적이고 의지적인 해석이 선행되어야만 시적 대상들이 비로소 형상화되는 원리이다.

  시적 주체는 현재 노란 국화꽃만을 보고 있을 뿐이다. 소쩍새와 먹구름의 울음이나 무서리가 내리는 것과 불면(不眠) 등은 모두 과거의 시각이다. 과거 현상들의 이미지가 꽃을 피우고 있는 현재의 국화 이미지로 수렴되어, 그 결과, 국화꽃의 개화라는 내포 이미지의 의미를 형성했다. 나아가 국화는 시적 주체에 의해 내면화되고 의미화되어 오랫동안 인고의 세월을 견뎌온 누님의 이미지[3]와 겹친다. 누님도 "그립고 아쉬움에 가슴 조이"면서 "머언 먼 젊음의 뒤안길"을 돌아 나오지 못했다면 다시는

---

3 앞에서 언급한 비가시적 자연 현상에 대한 시적 주체의 사변과 함께 "인제는 돌아"온 누님의 이미지도 현실적 삶의 맥락과 구체성이 결여되어 있다. 이 또한 시적 주체의 주관적 해석이다. 황현산은 이것을 계절의 순환과 함께 모든 중요한 갈등이 해소되고, 모든 시도와 일탈이 무화되는 농경 사회의 '믿음'으로 해석한다. 이 믿음이 계절의 순환과 '누님'이라는 시적 대상을 호출한 셈이다. (황현산, 「서정주, 농경사회의 모더니즘」, 『한국문학연구』 제17집, 동국대한국문학연구소, 1995, 489~490쪽)

돌아올 수 없는 사람이었을 것이다. 노란 국화꽃은 성숙과 원숙미를 구현하는 여인의 자태로 이미지의 비약적 승화를 이룬다.

「菊花옆에서」는 국화꽃을 "내 누님같이 생긴 꽃"으로 비유함으로써 비약적 이미지의 출현 원리를 보여준다. 이 꽃은 소쩍새와 먹구름의 울음의 결과였으며 무서리와 시적 주체의 불면을 야기한 꽃이었다. 이러한 고난과 역경의 이미지가 가슴 조이던 젊음의 뒤안길로 수렴되면서 국화꽃이 "내 누님같이 생긴 꽃"으로 의미화된다. 일상의 국화꽃의 의미를 포섭하면서도 현실적 의미를 초월하고 있는 이 국화꽃의 이미지는 인간의 삶에 대한 한 단면을 내포한 것으로서 보편적 의미를 획득한다.

이상에서 두 편의 시를 통해 '주체 지향적 경향의 시'가 보여주는 '내포적 이미지'의 특성과 구조화의 원리를 살펴보았다. 이를 통해 주체 지향성의 시적 언어는 일차적으로 언어의 지시적 기능에 충실하면서도 시적 주체에 의해 내면화된 의미를 표명하는 특성이 있음을 파악할 수 있었다. 이는 내포적 이미지의 중복과 반복, 전이와 비약적 이미지의 출현 원리에 의한 결과였다. 주체 지향성 시의 시적 대상들에 대한 형상화는 필연적이고 논리적인 개연성을 지닌 시적 논리의 인과관계에 따라 표출된다. 이러한 언어 특성은 시적 대상에 대한 시적 주체의 주관적 의미 부여에 의한 것이었다. 시적 주체의 판단에 의해 시적 언어와 시적 대상이 외적, 내적으로 긴밀히 결합되는 양상이다. 이미지들은 핵심 이미지로 수렴되었다.

2. 시적 언어나 시적 대상이 중시되는 시적 주체 표현

 서정주가 『新羅抄』에서 강조한 신라 정신이 시적 주체의 자기 체험화를 통해 내면화되었다 할지라도, 『新羅抄』의 탄생 배경이 창작 주체의 입장에서 전혀 도외시될 수는 없다. 오히려 『新羅抄』 탄생의 시·공간적 배경이 없었다면 이 시집은 존재하지 못했을 가능성이 높다.[4]

 주체 지향성의 시에는 내포적 이미지의 특성들인 시적 진술의 반복 및 중복, 이미지의 전환과 비약의 원리가 적용된다. 이러한 특성을 지니는 이미지들의 핵심 이미지로의 수렴적 이미지화는 시적 주체의 내면의 형상을 보편적 상징성으로 표출한다. 그러나 창작 주체가 이러한 주체 지향성 시의 특성에 큰 비중을 두면서도 '시적 언어 현상'을 중시하는 경우가 있다. 이 경향에서 시적 주체보다는 경시되었던 언어 현상이 부각된다. 이때 창작 주체는 시적 주체의 내면적 형상화를 시적 전언의 중심에 위치시키면서도 시적 언어의 표현을 고도화한다.

1) 시적 언어가 중시되는 주체 지향성의 시

 독립적 이미지로 구성되는 언어 지향성 시의 이미지 특성들은

---

4 황종연에 따르면 미당은 40대 전체에 걸쳐 신라를 탐구했다. 미당은 전주 피난 시절 『삼국유사』를 복음을 갈망하는 심정으로 반복해서 읽었다. 원문을 베껴서 카드를 만들어 가지고 수시로 음미하며 지낼 정도의 열의를 보였다 한다.(황종연, 「신들린 시, 떠도는 삶」, 조연현 외, 『미당연구』, 민음사, 1994, 319쪽)

주로 '시각적' 이미지들의 나열·병치·돌발·전환·도약적 출현 등에 의해 특질화되는 것이다.[5] 그러나 언어 지향성 시의 창작 주체가 시각적 이미지에서만 시적 언어의 의의를 탐색하는 것만은 아니다. 그는 언어의 리듬감이나 '음성적(音聲的)·청각적' 이미지에서도 고도의 시적 표현을 추구한다.

서정주의 「歸蜀途」는 '주체 지향성의 시'이면서도 '언어 현상'이 중시된 시이다. 이 시는 사별(死別)한 임에 대한 시적 주체의 안타까움과 회한이 시적 언어가 형성하는 절묘한 이미지로 형상화되어 있다.[6] 시적 주체의 심경은 극도로 애절하게 표출되고 있으며 생전에 임을 위해 다하지 못한 행위에 대한 시적 주체의 통한의 눈물이 형상화되어 있다. 그러나 독자들은 시적 주체의 이러한 애통(哀痛)에 공감하면서도 이 시를 아름답다고 인식하게 된다. 그것은 바로 시인이 시적 언어 현상으로서의 음성적 특성에 주목하여 독특한 이미지를 구현하고 있기 때문이다.

---

5 이 책의 앞의 글 「언어 지향성 시에서의 독립적 이미지화 기법」 참조.
6 천이두에 따르면 '임의 부재'라는 주제 의식은 한(恨)의 미학을 표현하는 「井邑詞」 이래의 한국 문학의 전통이며 "피리 불고 가신님"의 이미지는 한민족의 과거 속에, 무의식 속에 생생한 이미지로 살아있는 여인상이다. 식민지 시대에 모든 것을 빼앗겨야 했던 서정주는 이러한 비애의 실체를 투철하게 확인함으로써 자기 비애를 극복할 수 있었다는 것이다.(천이두, 「지옥과 열반」, 조연현 외, 앞의 책, 65~68쪽) 그러나 이 논문에서는 작가가 식민지 시대의 비애를 투철하게 확인하여 이 시를 썼는지 아니면 한국의 전통적 문학 주제인 한(恨)을 구현하기 위해 그것을 상상적으로 구성하였는지에 대하여는 고려하지 않는다. 창작 주체가 시적 주체를 중시하면서도 언어 현상에 관심을 둘 경우 이미지의 기법이 어떻게 활용될 수 있는지에 주목한다.

눈물 아롱아롱
피리 불고 가신님의 밟으신 길은
진달래 꽃비 오는 西域 三萬里.
흰옷깃 염여 염여 가옵신 님의
다시오진 못하는 巴蜀 三萬里 .

신이나 삼어줄ㅅ걸 슬픈 사연의
올올이 아로색인 육날 메투리.
은장도 푸른날로 이냥 베혀서
부즐없는 이머리털 엮어 드릴ㅅ걸.

초롱에 불빛, 지친 밤 하늘
구비 구비 은하ㅅ물 목이 젖은 새,
참아 아니 솟는가락 눈이 감겨서
제피에 취한새가 귀촉도 운다.
그대 하늘 끝 호올로 가신 님아

― 서정주,「歸蜀途」전문, 75

　대별(大別)하여 3연, 네 가지의 이미지로 구성되어 있는 이 시는 '떠나간 임'이라는 핵심적 이미지로의 수렴적 구조를 노출한다. 1연에서는 떠나간 임의 밟은 길이 "진달래 꽃비 오는 서역 삼만리"이며 "다시 오진 못하는 파촉 삼만리"라 하여 '삼만리'를 두 번에 걸쳐 진술함으로써 내포 이미지의 반복적 효과를 내고 있다. 2연에서는 "부즐없는 머리털"을 베어 떠나간 임에게 "육날 메투리"를 만들어 주지 못한 것에 대한 회한이 표출된

다. 3연에서는 상징적 이미지가 등장한다. 그것은 1연의 '서역'
과 '파촉'이라는 시어에서 암시되었던 바, 바로 '귀촉도'의 이미
지이다. 귀촉도는 본래 '촉나라로 돌아가는 길'을 의미한다.[7] 중
국 서부에 있는 촉나라는 우리나라와 멀리 떨어져 있다. 다시는
돌아올 수 없는 먼 길, 죽음의 길을 시적 주체의 임이 떠났다는
것이다. 그러므로 떠나간 임의 이미지는 귀촉도의 이미지로 수렴
되는 셈이다.

귀촉도는 멀고 먼 "구비 구비 은하ㅅ물"에 목이 젖어 울음소
리도 차마 솟아나지 않지만 다시는 돌아갈 수 없는 한(恨)에 사
무쳐 "제피에 취한새가" '귀촉'의 소리로 울고 있다. '귀촉도'라
는 새로 상징화된 떠나간 임[8]에 대하여 시적 주체는 "그대 하늘
끝 호올로 가신 님아"라고 마지막 행에서 다시 한번 절규한다.
그러므로 이 시는 시어와 시행 단위의 시적 언어 검토와 연 단
위와 시편 전체의 맥락에 의해서 '주체 지향적 경향의 시'로 판

---

7 '귀촉도'에는 촉나라 망제(望帝)와 관련된 전설이 있다. 나라를 잃
은 망제가 죽어 촉나라로 돌아가고 싶은 심정에 새가 되어 '귀촉 귀촉'
하고 울었다는 것이다. 그래서 이 시의 주제를 망국(亡國)의 한(恨)으
로 해석하기도 한다.(천이두, 「지옥과 열반」, 조연현 외, 앞의 책, 66쪽)
그러나 이 논문은 이 시의 시적 주체를 '임과 사별하여 슬퍼하는 사람'
으로 본다. 이것은 2연에서 노출되는 사적인 감성 때문이기도 하지만,
이 논문의 목표가 이미지 기법을 활용하는 시 창작 교육에 대한 연구이
므로 가능한 학습 주체의 상황을 고려하려는 의도이다.

8 오세영은 「귀촉도」를 분석하는 가운데 "〈피리 부는 님〉의 이미저리
는 화자의 운명적인 인생관을 드러내는 상징어"이며 "〈피리〉의 허무주
의는 그 스스로 소리를 낼 수 없다는 사실에 있"음을 '상징적 이미지'
를 통해 파악한다.(오세영, 「설화의 시적 변용」, 조연현 외, 앞의 책,
426쪽)

단할 수 있다. 시어나 시행의 반복뿐만 아니라, 머리털로 엮어내는 "육날 메투리"와 '귀촉도'의 이미지가 전이적임은 물론 비약적·상징적 성격을 지니고 있다. 이 이미지들은 개연적 논리적 구조를 확보하면서 '하늘 끝으로 홀로 가버린 임'의 이미지로 수렴된다.

앞에서 살펴본 것처럼 「歸蜀途」는 내포 이미지의 원리가 드러나는 주체 지향성의 시이다. 그러나 이 시는 시적 주체의 내면의 형상이 절박함과 애절함을 드러내고 있음에도 불구하고, 독자는 시의 내용에 몰입되지 않고 객관적 시각을 확보하여 시적 아름다움을 감지하게 된다. 그것은 창작 주체가 '언어 현상'에 각별한 심혈을 기울이고 있기 때문이다. 지금까지 창작 주체가 언어 현상에 집중한다 함은 독립적 이미지의 활용을 언급하는 내용이었다. 그것은 이미지의 전환과 병치 혹은 돌발적 이미지의 출현 등에 관한 사항이었다. 다시 말하자면 독립적 이미지화는 주로 하나의 시각적 이미지에서 다른 시각적 이미지로의 연동(連動)에 의한다. 그러나 「歸蜀途」에서 주목되는 언어 현상은 언어의 음성적(音聲的) 자질이다. 7·5조의 음수율을 기본으로 하여 그것의 변형률로 이루어진 이 시는 시어의 음성적 특성을 의미상의 이미지와 연계시키고 있다.

이 시를 지배하는 시적 주체의 정서는 슬픔이며 슬픔의 결과는 '눈물'이다. '눈물'의 이미지는 눈물방울과 연계된 원형(圓形)의 이미지이다. 그런데 이 시에서 쓰이고 있는 세 개의 대표적인 부사어들이 음성적으로 원형의 이미지인 점에 주목할 필요가 있다. '아롱아롱', '올올이', '호올로' 등이 그것이다. 이들은 모음과 유음(流音) 특히 양성 모음(陽性母音)인 'ㅏ'와 'ㅗ'를 중심으로 하여 모음적 특성을 지니는 'ㄹ'음과의 결합으로 음성적 원형의 이미지를 구성한다. 양성 모음은 음성 모음(陰性母音)에 비하여 작고 밝고 경쾌하며, 유음은 발성 기관을 물 흐르듯 자연스럽게 통과한다.[9]

「歸蜀途」의 창작 주체가 시적 주체의 심정적 내면화에만 치중하였다면 이 시는 당연히 음울하고 무거운 느낌의 음성 모음과 격한 발성을 요구하는 파찰음 등의 시어가 주축이 되었어야 한다. 그러나 이 시에 쓰인 세 개의 부사어들은 작고 귀엽고 부드러운 음성적 특성으로 해서, 그리고 'ㅗ' 발음을 하는 입술의 모양까지 고려하여 원형의 이미지를 표출하고 있다. 창작 주체의 의도에 의해 시적 주체의 주관적 정서와 핵심 이미지로의 지나친 집중화가 '시적 언어'에 의해 제약을 받고 있는 셈이다. 이것이 내용의 비장함과 처절함에도 불구하고 「歸蜀途」가 아름답게 읽히는 이유이다.

「歸蜀途」는 주체 지향성의 시적 특성을 지니고, 또한 그 시적 전언으로 보아 핵심 이미지로의 확고한 수렴과 고도의 구조 체계를 지닐 수도 있었다. 그러나 창작 주체의 '시적 언어'에 대한 관심으로 인하여 시적 전언으로의 집중화는 드러나지 않는다.

서정주의 「歸蜀途」는 민족적 전통의 한(恨)의 정서를 빼어나

---

9 고형진은 우리의 현대시에서 운(韻)의 기능이 점차 말뜻과 이미지의 중시에 의해 상실되고 있다고 지적하면서 시에서 사물의 미묘한 느낌이나 상태의 변화를 음상의 변화로 표현할 수 있는 우리말의 의성어, 의태어에 대한 언어 감각과 조탁을 강조한다.(고형진, 「우리 시의 음악성을 위하여」, 『또 하나의 실재』, 새미, 2003, 347~352쪽)

게 보여준다. 이는 시인이 민족적 정서의 최고의 시화(詩化)를 위해 의도적으로 작시(作詩)한 결과로도 볼 수 있을 것이다. 이는 앞에서 살펴본 것처럼 시적 경향성에 의한 시의 언술적 특성의 고찰에 의해 객관적으로 점검된다.

2) 시적 대상이 중시되는 주체 지향성의 시

「歸蜀途」가 주체 지향성의 시이면서도 시적 언어가 중시되는 경우라면, 서정주의 「無等을 보며」는 시적 대상이 중시되는 경우이다. 「無等을 보며」는 시적 주체의 주관적 내면화와 선명한 시적 전언이 상징적으로 드러남에도 불구하고, 시의 내용이 품고 있는 시대 상황과의 관련으로 인해 시적 대상에 대한 포괄적 이해를 요구한다.

> 가난이야 한낱 襤褸에 지나지 않는다
> 저 눈부신 햇빛속에 갈매빛의 등성이를 드러내고 서있는
> 여름 山 같은
> 우리들의 타고난 살결 타고난 마음씨까지야 다 가릴 수 있으랴
>
> 靑山이 그 무릎 아래 芝蘭을 기르듯
> 우리는 우리 새끼들을 기를수밖엔 없다
>
> 목숨이 가다 가다 농울쳐 휘여드는
> 午後의 때가 오거든

內外들이여 그대들도
더러는 앉고
더러는 차라리 그 곁에 누어라

지어미는 지애비를 물끄러미 우러러보고
지애비는 지어미의 이마라도 짚어라

어느 가시덤불 쑥굴헝에 뉘일지라도
우리는 늘 玉돌같이 호젓이 무쳤다고 생각할 일이요
靑苔라도 자욱이 끼일일인것이다

— 서정주, 「無等을 보며」 전문, 100~101

'역경과 고난 속에서도 아이들을 키우며 주어진 현실을 긍정적으로 꿋꿋이 살아가자'라는 주제 의식을 드러내는 서정주의 「無等을 보며」는 주체 지향성의 이미지 특성이 농후하다. 1연에서 시적 주체는 가난을 "한낱 襤褸"에 비유하면서 그것이 "여름 山 같은/우리들의 타고난 살결 타고난 마음씨까지야 다 가릴 수"는 없다고 진술한다. '가난'이 '옷'에, '우리들'은 '갈매빛의 여름 산'에 비유되면서 '우리들 마음'의 굳건함을 표현한다. 2연에서는 1연에서 보였던 여름 산의 이미지가 '지란(芝蘭)을 키우는 청산'으로 전이되면서 담담하게 아이들을 키워나가는 중심 이미지로 수렴된다. 3연과 4연은 1연과 2연의 '우리들'의 형상이 '내외(內外)'의 이미지로 구체화된다. 이는 가난에 지지 말고 당당하게 아이들을 키워나가자는 주문(注文)이 실제적인 삶의 자세나 태도로서 예시(例示)된다. 내외(內外)는 고난의 때를 당했을 때, 즉 "농울쳐 휘여드는¹⁰" 역경의 때를 만나게 되면 "더러는 앉고/더러는 차라리 그 곁에 누"워, "지어미는 지애비를 물끄러미 우러러보고/지애비는 지어미의 이마라도 짚"으라는 것이다. 마지막 연에서는 앞에서 언급된 내용들이 종합하여 반복, 정리된다. 가시덤불, 쑥 구렁과 같은 환난 속에서도 우리는 옥돌처럼, 청태처럼 의젓하고 담담하게 받아들이자는 주문이다.

「無等을 보며」는 시어나 시행은 물론 연 단위와 전체의 시상이 의미 차원에서 논리적 개연성을 지니며 면밀하게 조직화되어 있다. 개별 이미지들은 긴밀하게 연계되어 있을 뿐만 아니라 보다 큰 의미의 내포 이미지로 수렴되는 구조를 노출한다. 이 시에서는 주체 지향성 시의 주요 이미지 기법인 시적 주체의 내면의 형상화와 상징적 차원의 이미지 출현도 드러난다. 시적 주체가 비록 자신의 내면을 형상화하고 있지는 않으나 현상적 풍경을 의미화하여 제시하고 있으며, 그 풍경을 "여름 山"과 "玉돌", "靑苔" 등의 상징적 이미지를 통하여 시상을 지배하는 내포 이미지로 수렴시키고 있다. 그러나 이 시는 내포 이미지뿐만 아니라 포괄적 이미지도 검토되어야 한다. 이 시에서 보이는 현

---

10 '농울치다'는 사전에 등재되어 있지 않다. 시의 내용을 통해서 유추해 보자면 '농울치다'의 의미는 '물결이 심하게 너울치다'나 세월의 흐름으로 인한 고난을 의미한다. 이 시가 가난이라는 삶의 고난과 이의 극복을 위한 예지를 드러내고 있다는 점에서 "목숨이 가다 가다"라는 표현이 '살아가는 도중에'라는 의미라면 그다음의 진술은 역경과 환난과 같은 부정적 상황이 등장하는 것이 옳다.

상적 풍경들이 시의 외재적 환경인 시대 상황과 긴밀히 연계되어 있으며 이를 간과하고서는 시의 독해가 충분히 이루어질 수 없다.

「無等을 보며」는 1954년 8월《현대 공론》에 발표되었다. 서정주는 '한 달에 겉보리 열닷 말에다 식구가 살게 될 방을 하나 겹쳐 준다'는 조건으로, 1952년부터 1953년 휴전 후 환도(還都)할 때까지 광주의 조선대 국문과 부교수로 있을 때, 무등산의 자태를 보고 이 시를 썼다고 한다[11]. 시적 주체는 무등산에서 전시(戰時)의 참담함과 가난을 극복할 수 있는 삶의 예지를 보았다. 조선대학교를 오가는 그의 눈에 무등산 상봉들은 오랜 두 부부가 마주 앉아 오후의 휴식을 취하는 형상으로, 3연의 "내외들이여 그대들도/더러는 앉고/더러는 차라리 그 곁에 누어라"와 같은 표현을 얻을 수 있었다. 「上里 果園」은 서정주가 6·25 때 전주에서 자살 미수를 겪은 후 '햇볕의 간절도(懇切度) 속에서 이루어졌던 생각의 뼈다귀'를 바탕으로, 1952년 정읍에 있는 누이의 과수원에 잠시 머무를 때 썼다.[12] "우리 어린것들에게는" "차라리 제일 가까운 곳의 별을 가리켜 보일 일이요, 제일 오래인 종(鐘)소리를 들릴 일이다."라는 표현은 「無等을 보며」의 2연에서 보여준 것과 같은 인식 태도라고 할 수 있다. 그러므로 이 시의 독해에는 시의 내재적 의미뿐만 아니라 시의 외부적 조건을 형성하는 시대 상황으로서의 '전쟁과 그에 따른 환

---

11 서정주, 「무등산 밑에서」, 『미당 자서전 2』, 민음사, 1994, 318~322쪽.
12 같은 글, 316쪽.

난'이라는 포괄적 이미지의 해명이 포함되어야 한다. 시의 마지막 연에서 보이는 내포 이미지의 구성이 이 시의 외부에 포진해 있는 외부적 현실과 결부되어야만 합당한 의미를 확보할 수 있는 것이다.

「無等을 보며」는 내포적 이미지가 시상을 지배하면서도 시적 대상이 부각되는 포괄적 이미지를 동반한다. 그러나 이 시의 시적 주체가 현실을 바라보는 시각은 대상 지향성 시의 시적 주체의 시각과는 다르다. 이 시의 시적 주체는 현실을 '사회적·집단적 시각'[13]으로 보지 않는다. 시적 주체는 환난의 경우에 대처하는 삶의 지혜를 주요한 시적 전언으로 상정하고 있으나, '있는 그대로의 현실'을 당당하게 받아들이라는 소극적 자세를 취한다. 당장 목숨이 "농울쳐 휘여드는", 생명의 여탈(與奪)이 문제인 상황에서 "玉돌"처럼, "청태(靑苔)"처럼 삶을 바라보라는 요구는 역시 관념적 사변(思辨)에 불과하다는 비판을 받을 수도

---

13 "시 창작을 통해 재구성된 세계상은 창작 주체의 개인적이고 사적인 인식뿐만 아니라 사회적, 집단적인 인식까지 포함한다. 창작 주체의 세계관이나 생활 체험의 요소는 작품 속에서 작용할 뿐만 아니라 독자의 현실적 상황과도 관련을 맺으며 이 관련성은 부인(否認)과 수용(受容) 사이에 놓이게 된다."(윤여탁, 『리얼리즘 시의 이론과 실제』, 태학사, 1994, 217쪽 참조)

시 의식의 근원과 발현

있다.[14] 이 점에 대하여 시 창작 학습 주체들이 나름대로 판단할 기회를 갖는 것은 시 창작에서 자신들의 관점을 명확히 할 수 있는 계기가 될 것이다.

　이상에서 '주체 지향적 경향의 시'임에도 다른 성향의 이미지 기법이 중시되는 경우의 시 두 편을 살펴보았다. 하나는 '시적 언어가 중시되는 주체 지향성의 시'였으며 다른 하나는 '시적 대상이 중시되는 주체 지향성의 시'였다. 전자에서는 주체 지향성의 시에 관심을 보이는 창작 주체가 시적 언어 현상에도 주목하여 독특한 이미지를 형성하는 방식을 볼 수 있었다. 특히 언어 지향성의 시가 시각적 이미지를 통하여 개별 이미지를 형성하고 그것에서 파생되거나 혹은 다른 시각 이미지로의 전환이나 병치 효과를 의도하는 것인 점에 반하여, 예시된 「歸蜀途」에서의 이미지 전이는 언어의 음성적(音聲的) 특성을 활용한 경우였다. 이를 통해 언어 현상과 민족적 문학 전통과의 관계도 일견(一見)할 수 있었다. 후자에서는 주체 지향성의 시에 관심을 보이는 창작 주체가 '시적 대상'에도 주목하여 이미지화하는 방식을 볼 수 있었다. '대상 지향적 경향의 시'는 사실적(事實的) 이미지를 바탕으로 하는 경향인 점에 반하여 「無等을 보며」에서

14　최현식은 이 시를 지배하는 것이 운명의식이라고 하여, 이 시가 삶의 우연과 부조리에 대한 저항보다는 모든 사태가 이미 정해진 방향으로 진행되기 마련이라는 체념과 순응의 태도를 강하게 내포한다고 설명한다. 이러한 태도는 운명의식을 강제하는 기제의 안정성과 절대성이 강하면 강할수록 존재론적 안전도 그만큼 강화된다는 것을 뜻하지만, 서정주의 이런 수동적인 삶의 태도는 그의 타자성 수용이 개방적이기보다는 자기중심적이며 폐쇄적인 소극성을 나타낸다는 것이다.(최현식, 『서정주 시의 근대와 반근대』, 소명출판, 2003, 164~169쪽 참조)

의 이미지는 관념적 성향이 강하게 나타났다. 이러한 현상은 창작 주체의 세계를 보는 관점의 상이성에서 노정(露呈)되는 결과일 것이다.

참고 문헌

1. 기본 자료

서정주, 『미당 시전집 1』, 민음사, 1994.
____ , 『미당 자서전 2』, 민음사, 1994.
____ , 『시 창작법』, 선문사, 1954.

2. 논문 및 평론과 단행본

강호정, 「해방기 시의 시적 주체 형성 연구」, 고려대 박사논문, 2008.
고형진, 「서정주의 질마재 신화의 이야기시적 특성 연구」, 『예술논문집』 34, 예술원, 1995.
김명철, 「김춘수 후기시 연구」, 고려대 석사논문, 2006.
____ , 「현대시의 저변 확대를 위한 시 창작 교육 시론(試論)」, 『우리어문연구』 제34집, 우리어문학회, 2009.
____ , 「『질마재 神話』에 나타난 '마을' 사람들의 '性' 의식」, 『비평문학』 34호, 한국비평문학회, 2009.
____ , 「시적 형상화 기법에 따른 시 창작 교육 시론(試論)」, 『한국시학연구』 제27호, 한국시학회, 2010.
____ , 「언어 지향성의 시 창작 교육 시론(試論)」, 『어문논집』 제61호, 민족어문학회, 2010. 4.
____ , 「주체 지향성의 시 창작 교육 시론(試論)」, 『한국문예창

작』제18호, 한국문예창작학회, 2010.

김점용,『미당 서정주의 시적 환상과 미의식』, 국학자료원, 2003.
김준오,『시론』제4판, 삼지원, 2004.
김학동 외,『서정주 연구 上』,『서정주 연구 下』, 새문사, 2005.
남진우,『미적 근대성과 순간의 시학』, 소명출판, 2001.
손진은,『서정주 시의 시간과 미학』, 새미, 2003.
유성호,『현대시 교육론』, 역락, 2006.
_____ ,『근대시의 모더니티와 종교적 상상력』, 소명출판, 2008.
유종호 · 최동호 편저,『시를 어떻게 만날 것인가』, 도서출판 작가, 2005.
윤여탁,『리얼리즘 시의 이론과 실제』, 태학사, 1994.
이경수,「한국 현대시의 반복 기법과 언술 구조」, 고려대 박사논문, 2002.
_____ ,「시 감상 교육의 현황과 방법론 모색」,『국제비교한국학』제13권 제2호, 국제비교한국학회, 2005.
이정우 외,『주체』, 산해, 2001.
장석원,『낯선 피의 침입』, 서정시학, 2007.
조연현 외,『미당연구』, 민음사, 1994.
최원식,『문학의 귀환』, 창작과비평사, 2001.
최현식,『서정주 시의 근대와 반근대』, 소명출판, 2003.
황현산,「서정주, 농경사회의 모더니즘」,『한국문학연구』제17집, 동국대한국문학연구소, 1995.
Steiger, E., Grundbegriff der Poetik,『詩學의 根本槪念』,

이유영·오현일 共譯, 삼중당, 1978.

대상 지향적 경향 시의 포괄적 이미지화 기법법

1. 언어의 지시적 의미를 확장하는 시적 대상 표현
1) 포괄적 이미지의 구성 요소
2) 이미지의 개방을 통한 포괄적 이미지화

2. 시적 언어나 시적 주체가 중시되는 시적 대상 표현
1) 시적 언어가 중시되는 대상 지향성의 시
2) 시적 주체가 중시되는 대상 지향성의 시

9. 대상 지향적 경향 시의 포괄적 이미지화 기법

1. 언어의 지시적 의미를 확장하는 시적 대상 표현

　대상 지향적 경향의 시에는 시적 대상의 의미화에 무게가 실린다. 이 의미화는 시적 주체에 의해 이루어지지만 시적 대상이 중심이 된다. 시적 주체와 시적 언어가 출현할 수 있는 근원이 시적 대상인 셈이다. 시적 대상에 근거하여 시적 주체의 견해가 표명되며 언어의 지시적 의미가 결정된다. 시적 대상이 선행(先行)되어야만 시적 주체와 시적 언어가 추동되는 것이다. 대상 지향적 경향의 시에서는 시에 외재해 있는 현실적 현상들이 주목받는다. 이 외부적 현상들은 정치적이며 사회적일 수 있고, 문화적이거나 세계적인 정황일 수도 있다. 이러한 현상들에 대하여 시적 주체가 의미와 가치를 부여하고 옳고 그름에 대한 주관적 판단하에 자신의 견해를 표명한다.

대상 지향성의 시적 언어들은 시에 내재해 있는 시적 대상의 문면 맥락적 의미뿐만 아니라, 이들과 관련된 시의 외부적 요소들과도 관련된다. 이 경향의 시에서 시적 주체는 현상적 세계가 지향해야 할 바람직한 세계의 실현과 추구를 중시한다.[1] 대상 지향적 경향의 시에 출현하는 이미지들이 시의 내부적 경계를 넘어 시의 외부적 현실을 포괄하는 특성을 지니는 것은 이 때문이다.

1) 포괄적 이미지의 구성 요소

'대상 지향성 시'의 주요 이미지 기법은 '포괄적 이미지화'이다. 포괄적 이미지는 시적 대상에서 유발되는 의미를 중시하고 시의 의미와 관련을 맺는 시대 상황이나 시대정신을 함의한다. 시적 논리는 시적 대상을 통해 의미화된 이미지의 타당한 논리적 연계이다. 이미지를 구성하는 시적 대상들은 반드시 납득과 수긍이 가능한 인과적(因果的) 원리를 따른다.

대상 지향성 시의 창작 주체는 단순 이미지의 병치나 나열을 경계할 뿐만 아니라 시 텍스트에 내재한 의미의 국한(局限)도

---

1 발터 벤야민은 대상을 변화시키지 않고 그대로 제시하고자 하는 신즉물주의와 같은 문학적 태도를 비판하면서 작가들에게 세계 속에서의 자신의 위치를 숙고하라고 요구한다. 그에 따르면 작가는 부정적인 현실을 드러내고 폭로하는 전형을 창출해야 한다.(Benjamin, W., The Author as Producer, 박인기 편역, 『작가란 무엇인가』, 지식산업사, 1997, 67~73쪽 참조)

경계한다. 이미지들 간의 의미적 연관성은 물론 이 테두리를 벗어나 외부적 환경과의 관련에도 주의를 기울인다. 시의 외부적 현상들이 시의 내부적 의미에 침투하여 광범위한 의미가 도출된다. 대상 지향성의 시는 주제 의식을 드러내기 위하여 내부적으로 조직될 뿐만 아니라 시의 외부 현상들과 긴밀히 연계되는 구성을 보인다. 시의 내부와 외부와의 연계를 위한 이미지의 추출이 대상 지향성 시를 규명하는 핵심이라고 할 수 있다.

대상 지향적 경향의 시는 창작 주체의 현실적 삶의 양태가 바탕이 되기 때문에 현실 세계, 현실 생활에 기반한 이미지가 서술적 진술로 제시되는 경우가 많다.² 서술적 진술은 삶의 현상들을 사실적(事實的)으로 반영하기 때문에 현실로서의 시적 대상에 대하여 창작 주체의 관심이 취할 수 있는 가장 명백한 형식이다.³ 이를 바탕으로 하는 이미지의 확장 및 전복과 개방의 원리가 포괄적 이미지를 구성하는 주요 기법이다.

2 김준오는 서술시(narrative poem)가 이야기 시이며 살아있는 실제의 인간을 포괄하는, 즉 배제의 원리가 아니라 포괄의 원리에 의해 쓰이는 시라고 정의한다. 인간의 행위나 생생한 삶의 현실에 의하여 인간적 의미나 감정을 표현하는 시라는 것이다. 서술시가 삶의 과정과 삶의 조건을 다루는 반면 묘사시는 대상과 대상의 특질을 다룬다. (김준오, 『시론』 제4판, 삼지원, 2004, 91~102쪽)

3 Brooks, C. &Warren, R. P., Understanding Poetry(Holt, Rinehart and Winston) 1960, p. 21. 고형진도 김동환, 백석, 이용악이 서정적 시 양식에 '서술·서사적 기법'을 수용함으로써 개인의 주관적인 정서를 사회적 차원의 보편적인 정서로 '확장'시켰다고 진술하면서 시에서 구체적인 인간의 삶이나 행위에 대한 '서술적 진술'은 객관적이고 보편적인 체험 세계의 삶의 모습을 드러낸다고 설명한다.(고형진, 「1920~30년대 시의 서사 지향성과 시적 구조」, 『현대시의 서사 지향성과 미적 구조』, 시와시학사, 2003, 13~153쪽)

시 의식의 근원과 발현

　김수영의「풀의 영상」은 광범위한 시의 외부 현상과 함께, 포괄적 이미지의 전복적 효과와 함의적 이미지의 출현 원리를 비교적 선명히 보여준다. 이 시에서는 시적 대상에 의해 시적 주체가 영향을 받고 존재 근거를 확보하는 내용도 목도된다.

　　고민이 사라진 뒤에
　　이슬이 앉은 새봄의 낯익은 풀빛의 영상이
　　떠오르고 나서도
　　그것은 또 한참 시간이 필요했다
　　시계를 맞추기 전에
　　라디오의 시종(時鐘)이 나오기를 기다리는 것처럼
　　안타깝다

　　봄이 오기 전에 속옷을 벗고 너무 시원해서 설워지듯이
　　성급한 우리들은 이 발견과 실감 앞에 서럽기까지도 하다
　　전 아시아의 후진국 전 아프리카의 후진국
　　그 섬조각 반도조각 대륙조각이
　　이 발견의 봄이 오기 전에 옷을 벗으려고
　　뚜껑이 열렸다 닫히는 소리

　　라디오의 시종을 고하는 소리 대신에 서도가(西道歌)와
　　목사의 열띤 설교 소리와 심포니가 나오지만
　　이 소음들은 나의 푸른 풀의 가냘픈
　　영상을 꺾지 못하고
　　그 영상의 전후의 고민의 환희를 지우지 못한다

>   나는 옷을 벗는다 엉클 샘을 위해서
>   아시아와 아프리카의 무거운 겨울옷을 벗는다
>   겨울옷의 영상도 충분하다 누더기 누빈 옷
>   가죽옷 융옷 솜이 몰린 솜옷……
>   그러다가 드디어 나는 월남인이 되기까지도 했다
>   엉클 샘에게 학살당한
>   월남인이 되기까지도 했다
>
> 〈1966. 3. 7〉
> ― 김수영, 「풀의 영상」 전문, 324~325

 김수영의 「풀의 영상」은 각 연에서 두 칸씩 들여 쓴 이미지들이 해당 연의 의미를 강조하거나 선명하게 하는 효과를 낸다. 대상 지향적 경향의 시는 흔히 서술적 진술로 이루어진 구성을 보이지만 이 시에서는 들여 쓴 시행들의 감각적 이미지가 시에 생동감과 활력을 불어넣는다.
 시적 주체는 1연에서 무슨 고민이 사라진 뒤에 떠오른 '풀빛 영상'의 의미에 대한 발견을 "라디오의 시종(時鐘)"처럼 기다리고 있다. 그의 고민이 무엇에 대한 것이었는지 여기에서는 알 수 없으나, 시적 주체는 고민이 사라지고 난 후의 자신의 앞으로의 태도에 대하여 막막해한다. 그리고 2연에서 그 의미의 발견과 실감 앞에서 몸을 떤다. 봄이 오지도 않았는데 후진국들이 성급하게 그들의 옷을 벗으려고 한다. '성급한' 옷 벗음은 시적 주체의 열망이 그만큼 크다는 것을 의미할 것이다. 여기에서 1

연에서의 시적 주체의 고민의 내용이 감지된다. 그것은 후진국들, 보다 명확히 말하자면 후진국가에서 힘없이 살고 있는 사람들에 대한 연민이다. 시적 주체는 그들을 위하여 '무엇이 될 수 있을까'를 고민했을 것이다. 3연에서는 1연에서 보였던 풀의 영상이 강화된다. 영상은 방해하는 존재들이 있어도, 비록 가냘프다 할지라도, 꺾이지 않는다. 라디오의 시종 소리를 방해하는 가장 큰 적(敵)은 다른 소리, 소음이다. 그러나 서도가(西道歌)도 목사의 설교도 심포니도 풀의 영상을 꺾지 못한다. 마지막 연에서는 시적 주체의 자각적 행위가 나타난다. 그가 먼저 겨울옷을 벗고 '드디어' 학살당한, 바로 그 월남인 자체가 되는 것이다. 종합하자면, 시적 주체는 풀빛 영상을 보고 자신을 둘러싼 외부적 상황과의 관련 하에서 그 의미를 이해하며 그것을 포괄적으로 해석하여 자신의 삶의 태도를 결정한다.

「풀의 영상」은 봄의 풀빛 영상을 통해 시적 주체가 그를 둘러싼 외부 현상에 대하여 새롭게 자각하고 각성하는 모습을 보여준다. 시대 상황이 아직은 풀이 돋아나는 시점처럼 봄이 온 것은 아니다. 그러나 시적 주체는 이른 봄에 떠오르는 풀빛 영상에서 아시아와 아프리카 약소국들의 보다 나은 미래를 위한 비전을 본다. 시적 주체에게 풀빛 영상은 초조하나마 설렘 속에서 고대되는 미래의 희망의 빛이다. 그것은 어떠한 장애물에도 꺾이지 않는다. 그런데 여기서 주목을 요하는 것은 시적 주체 자신이 '먼저' 겨울옷을 벗고 학살당한 월남인의 입장이 된다는 점이다. 이 학살은 미국인 엉클 샘에 의해 자행된 것이다. 시적 주체가 먼저 옷을 벗는다는 의미는 침략적 제국주의에 대한 저항의 의미일 것이다. 그는 풀빛 영상으로 인해 감지한 미래의 비전을 그저 보고만 있지 않으며, 그것에 대한 의미의 해석자로서만 머물지도 않으며, 풀빛 영상이 보여주는 풍경을 관조하지만도 않는다. 그 스스로가 '먼저' 옷을 벗고 피학살자의 입장이 된다는 것은 '동참'과 '행동'을 의미한다. 이러한 시적 주체의 이미지를 통한 심경의 변화는 전복적(顚覆的)이다. 풀빛의 영상을 '보고' 라디오의 시종 소리처럼 후진국들의 "뚜껑이 열렸다 닫히는 소리"를 '듣던' 그가 이제는 직접 '몸으로' 움직이게 된 것이다. 나아가 시적 주체의 이러한 태도 변화는 "엉클 샘을 위해서"라는 진술에 의해 다시 한번 의미가 확장된다. 엉클 샘은 월남인의 적(敵)이다. 시적 주체는 월남인의 입장에서 학살당하기까지 하는데 그는 자신의 학살자를 '위해서' "겨울옷을 벗는다"는 것이다. 이 '위해서'를 미래에 대한 대비나 준비로 읽는다면 의미는 한층 증폭된다. 엉클 샘도 개인적인 원한이나 사적인 감정에 의해 월남인들을 학살하지는 않았을 것이며, 그렇다면 엉클 샘이 그런 행위를 해야만 하는 상황을 미연에 방지할 수도 있을 것이기 때문이다. 이 시의 시적 주체가 스스로 '옷을 벗는다' 함을 미래에는 '엉클 샘과 같은 학살자'가 나오지 않도록 노력하겠다는 의지의 표명으로 읽어도 좋을 것이다.

「풀의 영상」의 시적 주체는 국가적 차원을 넘어 아시아와 아프리카의 약소 국민들에게 인간적 관심을 보이는 전 인류적 차원의 자각을 한다. 포괄적 이미지를 주요 구성 인자로 지닌 대상 지향적 경향의 시는 이처럼 시적 주체가 시적 대상에 의하여 자신의 존재 자체에 대한 정체성을 정향(定向)할 수 있음을 보여준다.

2) 이미지의 개방을 통한 포괄적 이미지화

'대상 지향적 경향의 시'는 다른 경향의 시보다 시적 전언의 함의의 폭이 넓다. 포괄적 이미지의 주요 특성들은 시의 외부적 현상들과의 접촉을 용이하게 하며, 이미지들의 개방적 특성은 외부 현상들을 포괄하도록 구조화된다. 김수영의「사랑의 변주곡」은「풀의 영상」에서의 시적 주체가 왜 "월남인이 되기까지"하는지 그 이유를 근원적으로 제시하면서, 포괄적 이미지의 구조 원리와 개방적 이미지가 나아갈 수 있는 시적 함의의 폭을 극명하게 보여준다.

  욕망이여 입을 열어라 그 속에서
  사랑을 발견하겠다 도시의 끝에
  사그라져 가는 라디오의 재갈거리는 소리가
  사랑처럼 들리고 그 소리가 지워지는
  강이 흐르고 그 강 건너에 사랑하는
  암흑이 있고 3월을 바라보는 마른 나무들이
  사랑의 봉오리를 준비하고 그 봉오리의
  속삭임이 안개처럼 이는 저쪽에 쪽빛
  산이

사랑의 기차가 지나갈 때마다 우리들의
슬픔처럼 자라나고 도야지우리의 밥찌끼
같은 서울의 등불을 무시한다
이제 가시밭, 덩쿨장미의 기나긴 가시가지
까지도 사랑이다

왜 이렇게 벅차게 사랑의 숲은 밀려닥치느냐
사랑의 음식이 사랑이라는 것을 알 때까지

난로 위에 끓어오르는 주전자의 물이 아슬
아슬하게 넘지 않는 것처럼 사랑의 절도(節度)는
열렬하다
간단(間斷)도 사랑
이 방에서 저 방으로 할머니가 계신 방에서
심부름하는 놈이 있는 방까지 죽음 같은
암흑 속을 고양이의 반짝거리는 푸른 눈망울처럼
사랑이 이어져가는 밤을 안다
그리고 이 사랑을 만드는 기술을 안다
눈을 떴다 감는 기술 ─ 불란서혁명의 기술
최근 우리들이 4 · 19에서 배운 기술
그러나 이제 우리들은 소리 내어 외치지 않는다

복사씨와 살구씨와 곶감씨의 아름다운 단단함이여
고요함과 사랑이 이루어놓은 폭풍의 간악한
신념이여

봄베이도 뉴욕도 서울도 마찬가지다
신념보다도 더 큰
내가 묻혀 사는 사랑의 위대한 도시에 비하면
너는 개미이냐

아들아 너에게 광신(狂信)을 가르치기 위한 것이 아니다
사랑을 알 때까지 자라라
인류의 종언의 날에
너의 술을 다 마시고 난 날에
미대륙에서 석유가 고갈되는 날에
그렇게 먼 날까지 가기 전에 너의 가슴에
새겨둘 말을 너는 도시의 피로에서
배울 거다
이 단단한 고요함을 배울 거다
복사씨가 사랑으로 만들어진 것이 아닌가 하고
의심할 거다!
복사씨와 살구씨가
한번은 이렇게
사랑에 미쳐 날뛸 날이 올 거다!
그리고 그것은 아버지 같은 잘못된 시간의
그릇된 명상이 아닐 거다

〈1967. 2. 15.〉
— 김수영,「사랑의 변주곡」전문, 343~345

김수영의「사랑의 변주곡」은 시어나 시행 단위의 이미지가 지

닌 의미를 통해서는 시적 주체의 전언을 파악하기가 쉽지 않다. 시편 전체의 문면 맥락에 의한 의미 해석만으로도 마찬가지의 혼란을 초래한다. 그것은 이 시의 전언이 개인적이거나 사적인 감정을 넘어 인류가 보편적으로 추구해야 하는 하나의 이상이나 사상을 포괄적 이미지의 기법으로 전달하고 있기 때문이다. 나아가 이 포괄적 이미지는 정신적·육체적, 가시적·비가시적 세계를 망라하는 깊이와 폭을 보여준다. 이 시의 시어들은 일반적인 의미의 긍정성과 부정성의 영역을 일탈하기도 하며 교차하거나 가로지르기도 한다.

「사랑의 변주곡」이 들려주는 하나의 이상(理想)이란 '사랑'이다. 이 시에서의 '사랑'은 「풀의 영상」에서의 '엉클 샘을 위한' 시적 주체의 '동참'과 '행동'의 근원이다. 적(敵)을 위해서 "겨울옷을 벗는" 그의 사랑의 대상은 아(我)와 적(敵)을 구분하지 않는다. 그에게는 "쪽빛 산"뿐만 아니라 "죽음 같은 암흑"도 사랑이며 "덩쿨장미"는 물론 그것의 "가시가지"도, "절도(節度)"와 "간단(間斷)"도 사랑이다. 사랑은 "단단한 고요함"으로 "폭풍의 간악한 신념"마저 이룩한다. 이 시는 긍정적 대상들과 부정적 대상들이 함께 어우러지는 '사랑'의 도가니이다. "도야지 우리의 밥찌끼 같은 서울"도 이 시의 시적 주체에게는 "위대한 사랑"이다. 그러므로 이 시는 포괄적 이미지의 도출과 그 도출에 따른 보다 정밀한 독해를 위해 먼저 연 단위의 해명이 필요하다.

시의 서두에서 시적 주체는 '욕망이 사랑의 모태(母胎)'라고 선언한다. 투쟁적 욕망이 평화적 사랑을 낳는다는 것이다.[4] 인간의 욕망은 선(善)과 악(惡), 의(義)와 불의(不義), 이(利)와 해(害), 곧 긍정성과 부정성을 가리지 않는다. 그럼에도 불구하고 시적 주체가 욕망 속에서 사랑을 발견하겠다는 선언은 인간에 대한 긍정적인 믿음의 발로이다. 인간에 대한 적극적인 긍정성, 암흑을 사랑으로 보는 시각으로 인해 시적 주체는 1연에서 "사랑의 봉오리를 준비하"는 마른 나무들의 "쪽빛 산"을 발견한다. 시적 주체에게 사랑은 머물러 있는 것이 아니라 움직이는 것이며, 보이기만 하는 것이 아니라 역동적 추동체(推動體)이기도 하다. 이 쪽빛 산은 "우리들의 슬픔처럼 자라" "덩쿨장미의 기나긴 가시가지까지도 사랑"으로 변화시킨다. 부정적 대상들에서조차 사랑을 발견한 시적 주체에게 "벅차게 사랑의 숲"이 밀려오지 않을 수 없다.

  시적 주체는 포괄적 이미지의 전복적 효과를 통해 이 '사랑'을 증폭시킨다. 암흑도 사랑이며 가시가지도 사랑이라면 이 사랑은 지속되어야 마땅하다. 그런데 4연에서 "이 사랑을 만드는 기술"이 "눈을 떴다 감는"다. 사랑이 중단된 것이다. 쪽빛 산의 이미지로 가슴 벅차게 밀려왔던 사랑이 간단(間斷)의 상태가 되고 말았다. 이 간단은 주전자 물이 끓어넘치지 않을 만큼의 절

---

4 유성호는 이 시에서 시적 주체의 열망이 '도시=욕망=아버지'의 항목을 부정하고, '산=사랑=아들'의 항목을 지향하게끔 만든다고 언급한다. 이 시가 부정적 현실에 대한 탄핵과 관용적 사랑이라는 긴장된 두 극의 힘을 변증법적으로 통일하고 있다는 것이다.(유성호, 「김수영의 문학비평」, 김명인·임홍배 엮음, 『살아있는 김수영』, 창비, 2005, 139~141쪽)

도(節度)가 있는 간단이다. 끓어넘치지 않을 만큼의 절도는 "아슬아슬하게" 끓어넘칠 만큼의 절도이기도 하다. 결국 열렬한 사랑의 간단인 셈이다. 시적 주체는 "죽음 같은/암흑 속"에서도 "고양이의 반짝거리는 푸른 눈망울처럼/사랑이 이어져가는 밤을" 알고 있다. 간단도 열렬한 사랑이므로 "이제 우리들은 소리내어 외치지 않는다"는 언급은 절망적 진술이 아니다. 여기에서 시적 주체가 "눈을 떴다 감는 기술"로서 불란서 혁명과 4·19를 언급했다는 사실에 주목해야 한다. 이 진술은 이전과는 확연히 다른 성격의 진술이다. 이 진술로 해서 「사랑의 변주곡」은 시 내부에서만의 개인적이며 특수한 형식의 변주가 아니라 시의 외부까지도 포괄하는 보편적 변주의 의미를 획득한다.[5] 포괄적 이미지의 확장과 개방의 효과가 여기에서 나타나는 것이다.

　시적 주체는 "눈을 떴다 감는 기술"을 "사랑을 만드는 기술"로 인식하고 있으며 이 기술이 곧 '혁명'임을 밝힌다. 물론 이 혁명은 시적 주체의 내면적 혁명이 아닌 현실과 결부된 실천적 의미의 혁명이다. "불란서혁명"과 "4·19"와 같은 '혁명'이 이 시의 포괄적 이미지를 주도하는 셈이다. 사랑을 만드는 기술로서의 혁명은 시간과 공간의 제약을 받지 않는다. 그래서 "봄베이도 뉴욕도 서울도 마찬가지다"라는 진술이 설득력을 얻을 수

5 　최동호는 김수영의 「사랑의 변주곡」을 인간에 대한 친화력을 대표하는 시일뿐만 아니라, 삶의 서러움을 넘어서는 사랑의 혁명이 무엇인가를 깨닫게 해준다는 점에서 한국현대시사의 기념비적인 작품으로 평가한다. 이 시에서의 '사랑'은 4·19의 실패를 전환시키는 진정한 혁명이라는 것이다.(최동호, 「김수영의 문학사적 위치」, 《작가연구》제5호, 1998, 32~33쪽)

있다. 이 진술로 해서「사랑의 변주곡」은 하나의 도시나 국가적 차원을 넘어 인류적 차원의 의미를 담지(擔持)한다.

시적 주체에게 '간단도 사랑'이라는 신념은 신념으로만 머물지 않는다. 신념은 서울이라는 "사랑의 위대한 도시"에 비하면 '개미'처럼 작고 미미하다. 시적 주체는 사랑이 간단 속에서도 이어져간다는 신념을 "복사씨와 살구씨와 곶감씨의 아름다운 단단함"으로 비유한다. 이 단단함은 깨어져야 할, '혁명'에 의해 부서져야 할 단단함이다.

'씨앗의 단단함이 깨어진다 함'은 '떴다 감았던 눈을 다시 뜨는 것'을 의미한다. 사랑의 기술이 발아(發芽)하고 있는 것이다. 시적 주체가 이 발아를 믿고 있기 때문에 그는 "복사씨와 살구씨가/한번은 이렇게/사랑에 미쳐 날뛸 날이 올 거다!"라고 확신을 갖고 선언한다. 그러한 상황은 사랑을 만드는 기술-불란서 혁명과 4·19와 같은 '혁명'을 통해서이다. 그러기에 아들에게까지 "그릇된 명상이 아닐" 것이라고 다짐을 줄 수 있다.

'혁명'이라는 포괄적 이미지가 추출되지 않는다면「사랑의 변주곡」의 시적 의의에 대한 해명은 불완전할 수밖에 없다. 인간의 욕망에서 사랑을 보고 그 사랑의 성격을 파악할 수는 있다. 그러나 사랑이 거느리는 폭과 그것의 실현 방법이라는 실천적 측면에서의 구체성이 확보되지 않는다면 '사랑'은 불완전하게 이해될 뿐이다.

이상에서 두 편의 시를 통해 '대상 지향적 경향의 시'가 보여주는 '포괄적 이미지'의 다양한 특성을 구체적으로 살펴보았다.「풀의 영상」에서는 시적 주체가 시적 대상에 의하여 자신의 존재 자체에 대한 정체성을 확립할 수 있음을 확인했다. 이때의 이미지 기법은 전복적 효과로 나타났으며 이를 통해 대상 지향성 시의 시적 함의가 도출되었다. 「사랑의 변주곡」은 「풀의 영상」에서의 시적 주체의 행위의 이유를 근원적으로 제시한다. 포괄적 이미지의 구조 원리와 개방적 이미지는 포섭할 수 있는 시적 함의의 폭을 명확히 보여주었다. 대상 지향성의 시적 언어는 일차적으로 언어의 지시적 기능을 인정하면서 포괄적 이미지의 전복, 확장과 개방 등의 효과를 통한 시적 함의의 원리가 토대가 되었다. 이 함의는 시의 내재적 의미와 시의 외재적 상황과의 연계를 통해 파악되었다.

2. 시적 언어나 시적 주체가 중시되는 시적 대상 표현

대상 지향성의 시는 포괄적 이미지의 특성들인 시적 진술의 서술성 및 이미지의 확대와 전복, 함의적 이미지의 출현 원리의 효과를 통해 시의 내재적 의미와 시의 외재적 의미가 결합한다. 시의 내재적 의미가 시의 외부 현상인 시대 상황과 결부되어 시적 전언이 증폭되는 것이다. 그러나 창작 주체가 이러한 대상 지향성 시의 특성에 경도되면서도 '시적 언어' 현상이나 '시적 주체'를 중시하는 경우가 있다. 이때에는 시적 대상에 대한 창작 주체의 경도가 지배적이라는 측면에서는 대상 지향성의 시와 같은 특성을 보이지만, 시가 언어의 고도한 표현이며 또한 시적 주체의 자기 표출이라는 관점이 부각되는 것에 차이점이 있다. 이 성향들은 '시적 언어가 중시되는 대상 지향성의 시'와 '시적 주체가 중시되는 대상 지향성의 시'로 구분될 수 있다. 포괄적 이미지를 통한 시적 전언의 개방이 전자에서는 '언어 현상'에 주목되어 출현하고, 후자에서는 '시적 주체'가 이를 주도하는 역할을 한다.

김수영은 시적 주체를 둘러싼 외부적 현상을 적극적, 능동적으로 받아들여 이를 시적으로 형상화하는 데 성공하였다. 그러나 그의 대부분의 시는 시적 주체에 대한 창작 주체의 선호도가 높은 시들이라고 할 수 있다. 그의 초기시에서는 시적 언어에 주목하는 성향도 탐지된다.

1) 시적 언어가 중시되는 대상 지향성의 시

김수영의 「눈」은 '젊은 시인'이라는 청자(聽者)를 상정하여 전개된다. 이 시는 '대상 지향적 경향의 시'이지만 고도의 '시적 언어' 표현이 주목된다. 이 시에서 김수영은 '눈'과 '기침'이라는 일상적인 언어의 지시적 의미를 전복시키거나 확장시킴으로서 시적 전언을 새롭게 한다. 언어의 리듬감 또한 이 시의 언어적 특성을 드러내는 항목이다. 시적 대상에 의해 시적 주체의 존재 증명이나 사고(思考)가 확고해지는 대상 지향성 시의 특성이 노출되면서도 '시적 언어'가 중시되는 성향을 보이는 시이다.

눈은 살아 있다
떨어진 눈은 살아 있다

마당 위에 떨어진 눈은 살아 있다

기침을 하자
젊은 시인이여 기침을 하자
눈 위에 대고 기침을 하자
눈더러 보라고 마음 놓고 마음 놓고
기침을 하자

눈은 살아 있다
죽음을 잊어버린
영혼과 육체를 위하여
눈은 새벽이 지나도록 살아 있다

기침을 하자
젊은 시인이여 기침을 하자
눈을 바라보며
밤새도록 고인 가슴의 가래라도
마음껏 뱉자

〈1956〉

―김수영,「눈」전문, 123

　　김수영의「눈」에서 시적 주체는 새벽 마당에 쌓인 눈을 통해서 자신의 존재 의미를 다시 한번 확인하고 이를 통해 미래의 삶의 태도를 설정한다. 시적 전언은 '젊은 시인'을 호명함으로써 시의 외재적 현상을 포괄하는 이미지로 개방되어 표출된다.

'눈〔雪〕'의 전통적·상징적 의미는 순수(純粹)나 정수(精髓) 혹은 맑고 투명하며 깨끗한 존재나 세계로 주지(周知)된다. 그러나 이 시에서는 '기침'과 기침을 통해 나오는 '가래'에 상대(相對)됨으로써 일반적 의미에서 다소 벗어나 있다. 시적 주체는 어폐성(語弊性)의 발언을 한다. 젊은 시인에게 젊은 시인 자신을 위하여 새벽까지 살아있는, 순수의 상징인, 그 눈에 대고 기침을 하고 가래까지 뱉자고 한다.

1연에서, 밤을 새운 시적 화자[6]는 마당에 떨어져 있는 눈을 보고 그것이 살아 있다고 말한다. "눈은 살아 있다"라는 세 번의 반복적 진술은 "떨어진 눈", "마당 위에 떨어진 눈"을 동반하면서 시적 주체의 '눈'에 대한 새로운 인식, 놀라움을 표출한다. 마치 '눈〔雪〕'이 살아있는 '눈〔目〕'으로 변하여 시적 주체를 응시하는 듯한 강렬한 개별적 이미지이다. 이 놀라움의 원인은 이후의 전개에서 해명된다.

2연에서 화자는 갑작스럽게 '젊은 시인'을 호출하면서 "기침을 하자"고 제안한다. 눈 위에 대고, 눈더러 보라고 마음 놓고 기침을 하자는 것이다. 이러한 진술은 눈을 향한 시적 주체의 존재 증명이다. 시적 주체의 '나도' 살아 있다는 항거이다.

다음 연에서는 1연의 이미지가 변용되면서 '눈의 살아 있음'의 이유가 드러난다. "죽음을 잊어버린/영혼과 육체를 위하여"라고 함으로써, '눈'이라는 시적 대상에 의해 화자가 자각하고

---

6 시적 주체는 한 편의 시상 전체를 이끌어가는 존재이므로 이에는 시적 화자와 시적 청자가 모두 포함된다. 이 시는 화자가 청자(聽者)에게 '제안'하는 진술로 전개된다. 그러므로 보다 분명한 이해를 위해 여기에서는 화자와 청자를 구분했다.

각성하는 계기가 되었음을 표출한다. 여기에서 시적 대상이 선행함으로써 시적 주체의 존재가 부각되는 대상 지향성 시의 특성이 드러난다. '죽음을 잊어버린 영혼과 육체'는 시적 주체를 포함한 젊은 시인들이거나 젊은 시인들과 뜻을 같이 하는 다른 사람들을 포괄한 지칭일 것이다. 시적 화자의 '~하자'라는 청유의 명령형 어조 자체가 시의 외부 대상을 가정한 것이다.

마지막 연에서는 시적 화자의 존재 증명의 근거였던 '눈'에 대하여 그가 저항의 태도를 표명한다. "눈을 바라보며/밤새도록 고인 가슴의 가래라도/마음껏 뱉자"고 한다. 이는 '눈이' 살아 있듯이 '나도' 살아 있다는, '눈과 나'의 대등한 상태의 진술에서 이제는, '눈'보다 '내가 더 살아 있다'는 의지적 표명이다. '눈'의 살아 있음의 가치보다 '나', 나아가 젊은 시인, 더 나아가 '죽음을 잊어버린 영혼과 육체 모두'의 살아 있음의 가치가 더 소중하며, 그것을 '기침하고' '가래를 뱉는' 행위로 표출하자는 것이다.[7] '죽음을 잊어버린 영혼과 육체'는, 죽음 따위는 잊

---

7 김상환은 김수영의 산문(「시여, 침을 뱉어라」)이 시적 사유의 환원 불가능한 모호성을 말하고 시를 무한한 혼돈에의 접근으로 정의했다면서 이 시에서의 침 뱉는 행위를 무한대의 혼돈을 유발하는 것으로 이해한다. 그러나 김수영의 시의식이 무의미와 무한대의 혼돈을 지향하지는 않았으며, 이 시에서는 특히 "죽음을 잊어버린 영혼과 육체"의 의미 해명을 통해 침 뱉는 행위의 이해에 접근해야 할 것이다.(김상환, 『풍자와 해탈 혹은 사랑과 죽음』, 민음사, 2000, 67~68쪽)

어버리는, 죽음도 불사(不辭)하는 인간을 의미한다.[8] 무엇을 위한 죽음의 불사인지는 이 시를 통해서는 명확하지 않다. 그러나 "마음 놓고"와 "밤새도록 고인 가슴의 가래" 등의 진술을 보면, 시적 주체가 마음을 놓을 수 없는 불안하고 불편한 현실 속에 처해 있으며 이 현실을 극복하기 위한 시적 주체의 고투(苦鬪)의 현실이 예상된다.[9] '눈'에 대고 기침하고 가래를 뱉는 전복적 이미지화를 통해 이 고투하는 존재들, '죽음을 잊어버린 영혼과 육체'의 강인한 이미지가 부각된다.

이 시는 1연과 3연, 2연과 4연을 짝으로 하여 정교한 리듬감을 드러내고 있다. 그것은 술어의 음절 수에 대한 조절로 나타난다. 홀수 연에서는 모든 문장이 "살아 있다"라는 4음절의 술어로 종결되며, 짝수 연에서는 "기침을 하자"와 "마음껏 뱉자"라는 5음절의 술어로 종결된다. 또한 "살아 있다"와 "기침을 하자"라는 진술은 이 시가 짧은 12개의 문장으로 이루어졌음에도 불구하고 각각 5회와 6회에 걸쳐 반복된다. 음절 수의 조절은 물론 반복의 효과를 통한 리듬감이 부상(浮上)하고 있는 것이

---

[8] 김윤배는 "죽음을 잊어버린 영혼과 육체"가 죽음조차 가질 수 없는 화석화된 육체를 의미한다고 하여 이렇게 화석화된 시인을 깨우기 위해 눈이 새벽까지 살아 있는 것이라고 해석한다. 이러한 해석은 '화석화'가 오랜 세월을 동반하여야 하며, '화석'을 깨우는 일은 불가능한 일이므로 오히려 시적 주체의 기침하는 행위는 무모한 일로 왜곡되어 읽힐 수 있다.(김윤배, 『온몸의 시학, 김수영』, 국학자료원, 2003, 182~185쪽)

[9] 고형진도 '기침을 하는 행위'가 내적 고통의 표시이며 불편한 세계에 대한 거부와 저항의 표시로 파악한다.(고형진, 「'눈'과 '기침'의 변주」, 『또 하나의 실재』, 새미, 2003, 226쪽)

다. 이는 창작 주체의 의식적인 고도의 '시적 언어' 표현이다.[10]

앞에서 살펴본 것처럼 「눈」은 '눈'과 '기침' 그리고 '가래'라는 개별 이미지들이 포괄적 이미지를 구성하고 있으며, 그러면서도 '시적 언어' 현상에 주목하게 한다. '시적 언어가 중시되는 대상 지향성의 시'는 창작 주체의 시적 전언이 독자들에게 특히 설득력을 얻는 경우가 많다. 김수영의 「눈」은 언어의 리듬감이 교묘하게 부각되어 독자로 하여금 시적 전언에 대한 공감은 물론 운문으로서의 시 미학의 한 정점을 감지하게 한다.[11]

2) 시적 주체가 중시되는 대상 지향성의 시

모든 한 편의 시는 '시적 주체'의 진술로 이루어진다. '대상 지향적 경향의 시'도 창작 주체가 시적 대상을 시의 중심부에 두고 창작한 결과물이나 이때의 시적 대상 또한 시적 주체에 의해 구성되는 피동체(被動體)이다. 그러나 대상 지향적 경향의 시에서 시적 대상은 단순한 피동체는 아니다. 시적 주체를 추동하는 피동체인 것이다. 이는 앞에서 '시적 주체의 의지나 행위에 선행(先行)하는 시적 대상'으로 설명되었다. 완결된 시에서

---

10 장석원도 이 시가 1, 3연과 2, 4연의 두 언술 영역으로 이루어져 있으며, "눈은 살아 있다"와 "기침을 하자"라는 기저 문장의 '반복'에 의해 시가 진행되면서 기본이 되는 의미가 역동적으로 변화되는 양상을 보인다고 설명한다.(장석원, 앞의 박사논문, 54~55쪽)

11 고형진은 이 시를 통해 김수영의 시가 한국 현대시사의 '진정한 모더니즘' 시에 이르게 되었다고 평가한다.(고형진, 「'눈'과 '기침'의 변주」, 『또 하나의 실재』, 새미, 2003, 228쪽)

든 창작 과정에서의 시에서든 시적 대상이 우선시되는 것이다. 그러나 김수영의 「달나라의 장난」은 '대상 지향적 경향의 시'임에도 다른 시적 지향성이 포함되어 있다. 시적 대상이 우선시되면서도 시적 주체가 중시되는 성향이 노출된다. 이 시에서 시적 주체는 자신의 내면적 갈등을 표출하고, 그것의 원인과 해결을 자기 자신에게서는 물론 시의 외재적 조건인 시대 상황에서도 찾는다.

> 팽이가 돈다.
> 어린아해이고 어른이고 살아가는 것이 신기로워
> 물끄러미 보고 있기를 좋아하는 나의 너무 큰 눈 앞에서
> 아이가 팽이를 돌린다
> 살림을 사는 아해들도 아름다웁듯이
> 노는 아해도 아름다워 보인다고 생각하면서
> 손님으로 온 나는 이 집 주인과의 이야기도 잊어버리고
> 또 한번 팽이를 돌려주었으면 하고 원하는 것이다
> 도회 안에서 쫓겨다니는 듯이 사는
> 나의 일이며
> 어느 소설보다도 신기로운 나의 생활이며
> 모두 다 내던지고
> 점잖이 앉은 나의 나이와 나이가 준 나의 무게를 생각하면서
> 정말 속임 없는 눈으로
> 지금 팽이가 도는 것을 본다
> 그러면 팽이가 까맣게 변하여 서서 있는 것이다
> 누구 집을 가 보아도 나 사는 곳보다는 여유가 있고

바쁘지도 않으니
마치 별세계(別世界)같이 보인다

팽이가 돈다
팽이가 돈다
팽이 밑바닥에 끈을 돌려 매이니 이상하고
손가락 사이에 끈을 한끝 잡고 방바닥에 내어던지니
소리없이 회색빛으로 도는 것이
오래 보지 못한 달나라의 장난 같다

팽이가 돈다
팽이가 돌면서 나를 울린다
제트기 벽화 밑의 나보다 더 뚱뚱한 주인 앞에서
나는 결코 울어야 할 사람은 아니며
영원히 나 자신을 고쳐가야 할 운명과 사명에 놓여있는 이 밤에
나는 한사코 방심조차 하여서는 아니 될 터인데
팽이는 나를 비웃는 듯이 돌고 있다
비행기 프로펠러보다는 팽이가 기억이 멀고
강한 것보다는 약한 것이 더 많은 나의 착한 마음이기에
팽이는 지금 수천 년 전의 성인과 같이
내 앞에서 돈다
생각하면 서러운 것인데
너도 나도 스스로 도는 힘을 위하여
공통된 그 무엇을 위하여 울어서는 아니 된다는 듯이
서서 돌고 있는 것인가

팽이가 돈다
팽이가 돈다

〈1953〉
― 김수영,「달나라의 장난」전문, 32~34

　「달나라의 장난」에서 시적 주체는 돌아가는 팽이를 보면서 자신의 현재의 상황을 성찰하고 과거를 회상하며 미래에 대한 삶의 자세를 가다듬는다. 도회지(都會地)에서 수동적인 삶을 영위하던 시적 주체는 '달나라'로 표현되는 동화적 이상과 '운명과 사명'이라는 현실적 질곡(桎梏) 사이에서 '팽이처럼 스스로 돌기 위하여' 울지 말아야 한다고 자신을 다그친다. 그런데 시의 중반에서 '돌아가는 팽이'가 그를 울린다. 울지 말아야 하는데 울고 있는 것이다. 의미 차원의 전복적 이미지 효과를 지니는 이 울음의 정체가 밝혀진다면 시의 해명에 한 발짝 다가서게 된다.
　"팽이가 돈다"는 시행은 모두 6회에 걸쳐 반복된다. 그것은 '돌고 있는 팽이'가 시적 주체에게는 그만큼 큰 의미로 다가왔음을 뜻한다. 그러나 이 시행이 동등·동질의 중복의 의미는 아니다. 첫 행의 "팽이가 돈다"와 마지막 행의 "팽이가 돈다"는 그 의미의 차이가 현격하다. 시가 전개되면서 이 이미지는 확장적으로 형상화된다. 두 번째와 네 번째에 등장하는 "팽이가 돈다"를 기준으로 3개의 내용으로 구분하여 파악하면 "팽이가 돈다"의 의미 변화가 확연해진다. 그것은 시적 주체의 '울음'의 해명과도 불가분의 관련이 있다.

첫 행에서 '도는 팽이'는 어른이고 아이이고 살아가는 것을 신기해하는 시적 주체에게 일하는 아이뿐만 아니라 팽이를 갖고 놀고 있는 아이도 아름답다고 생각하게 한다. 이 진술은 시적 주체의 시적 대상에 의한 생각의 변화를 의미한다. 살림을 사는 아이가 아름다운 줄 알았는데 노는 아이도 아름답다는 것을 알았다는 것은 삶의 방식에 있어서 시적 주체에게 편견이 있었음에 대한 자각을 말한다. 그래서 "도회 안에서 쫓겨 다니는" "신기로운 나의 생활"을 잊고 "속임 없는 눈으로", 순수한 눈으로 팽이가 도는 것을 보고자 한다. 그러자 다른 사람들이 살아가는 곳은 시적 주체의 경우와는 달리 "별세계같이" 보인다.
　삶의 차이에 대한 인식은 시적 주체로 하여금 두 번째와 세 번째의 "팽이가 돈다"를 진술하게 한다. 두 번에 걸쳐 연속된 진술은 시적 주체가 팽이가 도는 형상에 침잠했음을 보여준다. 이 침잠으로 해서 그는 유년 시절의 "달나라의 장난"을 환기한다. 첫 번째의 "팽이가 돈다"가 현재의 삶의 모습을 반추해 보는 계기를 제공하는 것이라면, 두 번째와 세 번째의 경우는 확장적 이미지의 원리에 의하여 시적 주체로 하여금 과거 어린 시절의 자신의 모습을 회상하게 하는 계기로서의 진술이다.
　현재의 삶의 모습을 반추하고 과거의 모습을 떠올렸던 시적 주체는 네 번째의 "팽이가 돈다"의 진술을 통해 미래의 모습을 예상한다. 미래는 현재의 연장이며 현재로부터 시작된다. "영원히 나 자신을 고쳐가야 할 운명과 사명"이 있는 시적 주체는 '현재의 이 밤'에 "한사코 방심조차 하여서는 아니 될" 것이라고 스스로를 다그친다. 그런데 팽이가 시적 주체를 울린다. 생각해 보면 '살림을 사는 아이'와 '노는 아이'는 모두 아름다우며, 나의 삶이나 "뚱뚱한 주인"의 삶도 나름대로의 가치가 있다. 그런데 운명과 사명에 따른 자신의 미래의 모습을 생각하니 울음이 나온다는 것이다.

이러한 삶의 파악과 태도가 시적 주체의 숙명론적 운명관을 의미하지는 않는다. 이 운명과 사명은 "영원히 나 자신을 고쳐가야" 하는 일이다. '고친다'함은 개선(改善)이며 개혁(改革)이다. 시적 주체는 '자기 자신'을 개선과 개혁의 대상으로 보고 있다. 이는 삶에 대한 적극성이며 성실성이다. '영원히'인간은 인간이기 때문에 미래로 도약하기 위하여 끊임없이 고통스러울 수밖에 없다.[12]

시적 주체는 울어서는 안 된다. 팽이가 지금 '울고 있는' 나를 향하여 "수천 년 전의 성인과 같이" "비웃는 듯이 돌고 있"는 것은 그가 울고 있기 때문이다. 그러므로 팽이는 "스스로 도는 힘을 위하여" 나아가 "공통된 그 무엇을 위하여" '울어서는 안 된다는 듯이' 돌고 있다. 시적 주체는 돌아가는 팽이를 보면서 착오를 하여 '잘못 울었던 것'이다. 팽이는 시적 주체를 '울

---

12 김명인은 이 시에서의 '비애'는 생활적 비애를 포함하면서 동시에 그런 비애를 이기는 정신의 힘을 지켜나가야 하는 자의 운명적 비애라고 말한다.(김명인, 『김수영, 근대를 향한 모험』, 소명출판, 2002, 102~105쪽) 황현산은 김수영의 '설움'이나 '비애'는 한편으로 타기하고 극복해야 할 대상이며 정신과 몸을 사로잡는 마취제이지만, 다른 한편으로 판단과 예지의 한 형식이자 그 원기이며, 현실의 열림과 움직임을 믿게 하고 정신이 시적 상태에 이르렀음을 말해주는 특별한 심리적 반응이라고 설명한다.(황현산, 「시의 몫, 몸의 몫」, 김명인·임홍배 엮음, 앞의 책, 118쪽)

리려고'가 아니라 '울리지 않으려고' 돌았다. 여기에서 '울음의 이미지'는 나약함의 표출이 아니라 강해지기 위한 울음으로 전복된다.

'공통된 그 무엇'이 무엇을 말하는지는 이 시를 통해서는 명확히 파악할 수 없다. '공통된'이라는 진술로만 보자면 이는 사적(私的)이 아닌 공공(公共)의 일일 것이며, '나'뿐만이 아니라 '타인'을 위한 '무엇'일 것이다. 시적 주체는 그 일을 위해 끊임없이 노력하는 운명과 사명 앞에서 울지 말아야 한다고 스스로를 견제한다. 마지막 두 번에 걸친 "팽이가 돈다"의 반복적 진술은 이에 대하여 재차 마음을 다진다는 뜻이다.

김수영의 「달나라의 장난」은 '팽이'를 통해 시적 주체가 현재의 삶을 돌이켜보고 삶의 태도를 점검하는 과정을 보여준다. "팽이가 돈다"가 반복적으로 진술되면서 확장적 이미지를 드러내고 있으며 '울음'의 이미지는 전복적이다. 대상을 통해 시적 주체의 존재 양태가 정립되고 시적 전언이 시의 외재적 현상까지 포괄하는 양상을 보이면서도 시적 주체를 중심으로 하여 시가 전개된다. 대상 지향성의 시적 특성이 시적 주체를 중시하는 가운데 드러나고 있는 것이다.

두 편의 시를 통해 대상 지향성의 시에서 언어 현상이 중시되는 경우와 시적 주체가 중시되는 경우의 이미지화 원리를 살펴보았다. 전자에서는 시적 대상을 중시하는 창작 주체가 시적 언어 현상에도 주목하여 개별 이미지의 선명성을 부각시키고, 시어로부터 유발된 이미지를 의미 차원에서 확장하는 효과를 보여주었다. 시구 혹은 시행의 반복적 진술과 음절 수의 조절은 교묘한 시적 리듬감을 드러냈다. 그러면서도 대상 지향성 시의 이미지 특성인 포괄적 이미지 효과가 충실히 드러나는 현상이 제시되었다. 후자에서는 창작 주체가 시적 주체의 내면의 변화를 중시한 경우였다. 시적 주체는 개인적인 감성을 자극하는 시적 대상의 이미지를 반복적으로 제시하면서 자신의 내면의 변화 양상을 이미지화하였다. 그것은 이미지의 확장적 형상화와 전복적 효과에 의한 개방적 이미지의 전개였다. 이 이미지들은 의미 차원에서 포괄적 이미지의 효과에 부응하는 것이면서도 시적 주체에 주목하는 창작 주체의 의지가 반영된 것들이었다.

참고 문헌

1. 기본 자료

김수영, 『김수영 전집 1 시』, 민음사, 2003.
____ , 『김수영 전집 2 산문』, 민음사, 2003.

2. 논문 및 평론과 단행본

강호정, 「해방기 시의 시적 주체 형성 연구」, 고려대 박사논문, 2008.
고봉준, 「한국 모더니즘 문학의 미적 근대성 연구: 이상과 김수영의 문학을 중심으로」, 경희대 박사논문, 2005.
김명인, 「왜 아직 김수영인가-90년대 김수영 연구의 문제」, 『문예미학』 제9호, 2002.
김명인·임홍배 편, 『살아 있는 김수영』, 창비, 2005.
김명철, 「김춘수 후기시 연구」, 고려대 석사논문, 2006.
____ , 「현대시의 저변 확대를 위한 시 창작 교육 시론(試論)」, 『우리어문연구』 제34집, 우리어문학회, 2009.
____ , 「『질마재 神話』에 나타난 '마을' 사람들의 '性' 의식」, 『비평문학』 34호, 한국비평문학회, 2009.
____ , 「시적 형상화 기법에 따른 시 창작 교육 시론(試論)」, 『한국시학연구』 제27호, 한국시학회, 2010.

_____ ,「언어 지향성의 시 창작 교육 시론(試論)」,『어문논집』
　　　제61호, 민족어문학회, 2010. 4.
_____ ,「주체 지향성의 시 창작 교육 시론(試論)」,『한국문예창
　　　작』제18호, 한국문예창작학회, 2010.
김상환,『풍자와 해탈 혹은 사랑과 죽음 : 김수영론·시적 체험
　　　과 존재론적 체험』, 민음사, 2000.
김승희 편,『김수영 다시 읽기』, 프레스21, 2000.
김윤배,『온몸의 시학 김수영』, 국학자료원, 2003.
김준오,『시론』제4판, 삼지원, 2004.
유영희,『이미지로 보는 시 창작 교육론』, 역락, 2003.
맹문재,「김수영의 시에 나타난 '여편네' 인식 고찰」,『어문연
　　　구』제125호, 2005.
박순원,「김수영 시의 화자와 대상의 관계 양상 연구」,『어문논
　　　집』제49집, 2004.
이경수,「'국가'를 통해 본 김수영과 신동엽의 시」,『한국근대문
　　　학연구』제11집, 2005.
장만호,「김수영 시의 변증법적 양상」,『민족문화연구』제40호,
　　　민족문화연구학회, 2004.
장석원,『낯선 피의 침입』, 서정시학, 2007.
조재룡,『앙리 메쇼닉과 현대비평』, 도서출판 길, 2007.
최동호,「김수영과 부자유친」,《작가세계》, 2004 여름.
최원식,「'리얼리즘'과 '모더니즘'의 회통」,『문학의 귀환』, 창
작과비평사, 2001.
Benjamin, W.,『발터 벤야민의 문예이론』, 반성완 역, 민음

사, 1979.

_____ , The Author as Producer, 『작가란 무엇인가』, 박인기 편역, 지식산업사, 1997.

Brooks, C. & Warren, R.P., Understanding Poetry, New York, 1965.

찾아보기

ㄱ

가을 78, 79, 126, 127, 128, 133
가족 공동체 17
개별 이미지 115, 118, 124, 128, 129, 139, 142, 154, 157, 183, 190
객관적 110, 116, 120, 130, 136, 137, 150, 152, 166
검은 철사 너머 58, 66, 67
겨울의 미래 58, 63
공동체의 원형 12
관념 11, 28, 59, 75, 111, 112, 125, 137, 141, 156, 158
구조화 124, 137, 145, 171
기표 111, 112, 113
김나영 44, 49, 50
김수영 132, 166, 168, 171, 173, 174, 176, 179, 180, 182, 183, 184, 186, 189, 190, 191, 192
김신용 44, 46, 47
김영찬 74, 77, 79
김중일 58, 59, 60, 69
김춘수 112, 114, 116, 117, 118, 122, 123, 125, 126, 127, 128, 131, 132, 133, 159, 191
김희준 104, 109
꼴뚜기 21, 22, 23, 24, 25, 37
꽃 14, 15, 22, 23, 30, 46, 47, 48, 75, 76, 78, 81, 82, 97, 99, 123, 124, 126, 128, 133, 138, 139, 140, 141, 142, 143, 144, 145, 148
歸蜀途 147, 148, 150, 151, 152, 157

ㄴ

나열 24, 114, 116, 118, 120, 121, 124, 138, 140, 147, 165
내포적 이미지 110, 136, 138, 142, 145, 146, 156
논리적 88, 93, 100, 113, 116, 117, 120, 124, 145, 150, 154, 165
논리적 개연성 120, 124, 154

ㄷ

다차원의 세계 88, 94, 104
단독자(單獨者) 51
단절 95, 118, 121, 137, 143
달나라의 장난 184, 185, 186, 188, 190
도약 89, 117, 118, 119, 120, 121, 128, 147, 188
독립적 이미지화 110, 113, 117, 147, 150
돌발적 이미지 117, 118, 119, 120, 121, 128, 150
동화 79, 104, 107, 119, 186

ㅁ

만주 10, 20, 26, 28, 29, 30, 33, 37, 40, 41
모닥불 13, 17, 18, 19, 20, 36, 37
무기물 44, 45, 47, 48, 49, 53, 58
민족적 12, 40, 152, 157
無等을 보며 152, 153, 154, 155, 156, 157

ㅂ

반복적 진술 125, 181, 189, 190
백가경 88, 89, 92, 94
백석 8, 9, 10, 11, 12, 13, 14, 15, 17, 19, 20, 21, 22, 23, 25, 26, 27, 28, 29, 30, 32, 33, 36, 37, 38, 39, 40, 41, 166
백자 58, 59, 60, 61, 69

변이 61, 75, 94
병치 114, 116, 118, 120, 121, 124, 128, 138, 140, 147, 150, 157, 165
북관 26, 27, 38
비구조적 104

ㅅ

사랑의 변주곡 171, 173, 174, 176, 177
사물과의 대화 45, 74, 88
사물 중심의 시 12, 13, 17, 21, 30, 37, 38
사물화 68, 70, 96, 97
사물(事物) 44
사실적 157, 166
사회적 전언 129
산Ⅲ 29, 30, 31, 38
살아 있는 동안 58, 68, 69
상상력의 세계 88, 94
상징성 146
생명력 14, 16, 29, 31, 32, 38
생명의 기원 44
서사 9, 75, 76, 77, 104, 106, 166
서술성 178
서정주 138, 139, 142, 143, 144, 146, 147, 148, 152, 153, 155, 157, 159, 160
손택수 44, 52, 53, 54
송종규 74, 75, 76, 77
수렴 128, 137, 138, 140, 141, 142, 143, 144, 145, 146, 148, 149, 150, 151, 153, 154
순수 조선어 12
시대정신 94, 165
시적 대상 12, 21, 44, 54, 58, 104, 109, 110, 112, 113, 115, 116, 120, 121,

125, 126, 136, 137, 138, 141, 144, 145, 146, 152, 156, 157, 164, 165, 166, 170, 177, 178, 179, 181, 184, 187, 190

시적 주체 12, 13, 14, 15, 16, 19, 20, 21, 23, 26, 27, 28, 30, 32, 46, 47, 48, 75, 77, 79, 80, 81, 104, 107, 108, 109, 110, 112, 114, 116, 118, 120, 121, 122, 123, 124, 125, 126, 129, 130, 136, 137, 138, 141, 142, 144, 145, 146, 147, 149, 150, 151, 152, 153, 154, 155, 156, 159, 164, 165, 166, 168, 169, 170, 171, 173, 174, 175, 176, 177, 178, 179, 180, 181, 182, 183, 184, 186, 187, 188, 189, 190, 191

신용목 58, 62, 63

신화 75, 76, 77, 104, 159

썰매를 타고 117, 118

新羅抄 146

ㅇ

야우소회夜雨小懷 21, 22, 23, 25, 27, 37

양성 모음 151

억압적 현실 25

언어 지향적 경향 시 110, 126

언어 현상 110, 111, 112, 113, 116, 121, 122, 126, 129, 146, 147, 150, 157, 178, 190

에로스 31, 48, 53

역전 51, 93, 118

연계성 128

우주의 기원 44

우투리 31

원형 복원 28, 29

유기물 44, 48, 49, 58

유물(唯物) 58

유심(唯心) 58

음성 모음 151
음성적 147, 150, 151, 157
의미화 119, 138, 142, 144, 145, 154, 164, 165
이미지 구성 원리 129
이미지의 개방 171
이미지의 확산 117, 119, 120, 121
이성적 80, 88, 93, 94, 100, 115
이신율리 88, 95, 97
인간 공동체 17
인간 중심의 시 12, 13, 17, 21, 37, 38
인공 66, 107, 108
인류 공동체 33

ㅈ

전기시 10, 11, 12, 13, 17, 19, 21, 22, 23, 24, 28, 29, 30, 32
전복적 166, 170, 175, 177, 183, 187, 190
전이 25, 61, 75, 80, 89, 93, 95, 96, 97, 118, 121, 128, 138, 140, 141, 142, 143, 145, 150, 153, 157
전환 98, 117, 118, 120, 128, 140, 146, 147, 150, 157, 176
절망 21, 26, 27, 28, 38, 92, 93, 94, 99, 175
정글짐 89, 90, 100
제페토의 숲 104, 109
제피로스 75
좌표 공간 89
주체적 존재 44, 58, 74, 88, 104
중기시 10, 15, 20, 21, 22, 25, 30, 37
즉물적 120, 141
지시적 의미 110, 136, 164, 179
직관(直觀, Intuition) 80
G. 프로이트 47

ㅊ

창작 주체 110, 111, 112, 113, 116, 121, 122, 125, 126, 129, 137, 146, 147, 150, 151, 156, 157, 158, 165, 166, 178, 179, 183, 184, 190
천수호 58, 66
체험적 94, 100
최금진 74, 81, 82

ㅋ

칸나 44, 45, 46, 47, 48, 49, 53
퀼트 106, 107

ㅌ

타나토스 31, 47, 48
타령조 122, 123
탈주 51

ㅍ

포괄적 이미지 155, 156, 164, 165, 166, 170, 171, 174, 175, 176, 177, 178, 183, 190
포섭 141, 142, 145, 177
포월 136, 137, 141
풀의 영상 166, 168, 169, 170, 171, 174, 177
피동체 184
피상적 이미지 113, 121

ㅎ

하이퍼큐브 89, 94
함의적 이미지 166, 178
해체 25, 106
해파리 114, 115, 116

핵심 이미지 138, 140, 142, 145, 146, 151
확대 131, 159, 178, 191
확장 36, 37, 38, 164, 166, 170, 176, 178, 179, 187, 188, 190
환원 47, 48, 49, 53, 182
황일黃日 12, 13, 14, 16, 28, 37
후기시 10, 11, 15, 28, 29, 38, 40, 131, 159, 191
휘민 58, 67, 68, 69
히야신스 74, 75, 76, 77, 80
히야킨토스 75

시 의식의 근원과 발현

초판 1쇄 발행 2022년 10월 31일

지은이 김명철
펴낸이 이계섭
책임편집 이라희

펴낸곳 (주)백조
주소 경기도 화성시 남여울3길 19 201호
출판등록 2020년 8월 14일
전화 031-8015-0705
팩스 031-8015-0704
E-mail baekjo1120@naver.com

값 15,000원 ISBN 979-11-91948-06-6(93810)

*이 저서는 2019년 대한민국 교육부와 한국연구재단의 지원을 받아 수행된 연구임(NRF-과제번호)(NRF-2019S1A5B5A07110829)
This work was supported by the Ministry of Education of the Republic of Korea and the National Research Foundation of Korea(NRF-과제번호)(NRF-2019S1A5B5A07110829)